Jürgen Gaßebner
Uwe Klaus Probst
Steffen Baitinger

DIE SCHÖNSTEN SEGEL- FLUGZEUGE

Die schönsten Segelflugzeuge

Jürgen Gaßebner
Uwe Klaus Probst
Steffen Baitinger

IMPRESSUM

Einbandgestaltung: Andreas Pflaum unter Verwendung zweier Dias von Jürgen Gaßebner
Bildnachweis: Jürgen Gaßebner (141), Peter F. Selinger (10), Jochen Ewald (5), Akaflieg Braunschweig (5), Monika Vix (2), Adolf Wilsch (1)

Eine Haftung der Autoren oder des Verlages und seiner Beauftragten für Personen-, Sach- und Vermögensschäden ist ausgeschlossen.

ISBN 3-613-01930-2

1. Auflage 1999

Copyright © by Motorbuch Verlag, Postfach 103743, 70032 Stuttgart.
Ein Unternehmen der Paul Pietsch-Verlage GmbH + Co.

Nachdruck, auch einzelner Teile, ist verboten. Das Urheberrecht und sämtliche weiteren Rechte sind dem Verlag vorbehalten. Übersetzung, Speicherung, Vervielfältigung und Verbreitung einschließlich Übernahme auf elektronische Medien wie Bildschirmtext, Internet usw. ist ohne vorherige schriftliche Genehmigung des Verlags unzulässig und strafbar.

Lektorat: Anja Behrendt und Martin Benz M.A.
Innengestaltung: Katharina Jüssen
Repro: digi bild reinhardt, 73037 Göppingen
Druck: Henkel Druck, 70435 Stuttgart
Bindung: J. Spinner, 77833 Ottersweier
Printed in Germany

VORWORT DER AUTOREN

Stille Schönheiten

Wie ein Vogel durch die Luft zu gleiten, war lange Zeit ein Menschheitstraum, und am nächsten kommt dem Vorbild aus der Tierwelt zweifellos der Segelflug. Angewiesen auf Thermik und Aufwinde, fordert diese Art des Fliegens vom Piloten nicht nur allerhöchste Präzision im Umgang mit seiner Maschine, sondern auch profunde Kenntnisse der Meteorologie. Kurzum: Segelfliegen ist eine der anspruchsvollsten Arten des Fliegens überhaupt. Nicht weniger anspruchsvoll sind die Piloten seit Jahren, was die Qualität der Fluggeräte anbelangt. Und so entwickeln die renommierten Hersteller, die fast alle im »Segelfliegerland« Deutschland angesiedelt sind oder einmal waren, jährlich immer noch leistungsfähigere Flugzeuge.

Das Autoren-Trio Jürgen Gassebner, Uwe Klaus Probst und Steffen Baitinger – alle drei übrigens aktive Piloten – präsentieren in diesem Prachtband die 30 schönsten Exemplare, überwiegend aus der Ära des Kunststoff-Segelflugzeugbaus. Angefangen bei der Standard-Libelle und beim Standard-Cirrus bis hin zu aktuellen Hochleistungssegelflugzeugen wie LS 8 oder Discus 2. Klar ist, daß die berühmte Ka 6, sozusagen der Übergang vom Holz- ins Kunststoffzeitalter des Segelflugzeugbaus, natürlich ebensowenig fehlen durfte, wie einige klassische Maschinen aus dem Kunstflugbereich. Mit der Pilatus B 4 wird etwa gezeigt, daß Segelflugzeuge sehr wohl auch aus Metall gebaut sein können und trotz der Auslegung auf den Kunstflug noch die Ansprüche, die an ein Segelflugzeug für den Überlandflug gestellt werden, erfüllen können. Als treffendes Gegenbeispiel fungiert in diesem Zusammenhang die Lo 100, die im Gegensatz zum Halbacro-Flugzeug Pilatus B 4 zur Vollacro-Kategorie zählt und damit auch Flugfiguren mit hohen negativen Lastvielfachen erlaubt.

In aufwendigen Produktionen und mit modernsten Techniken faszinierend fotografiert sowie mit treffenden Charakteristika der einzelnen Typen versehen, wird auch dieser nach »Die schönsten Ultraleicht-Flugzeuge« und »Die schönsten Oldtimer-Flugzeuge« dritte Band dieser Buchreihe die Fans der Fliegerei rundherum begeistern und seinen Stammplatz in den privaten Bibliotheken finden.

Jürgen Gaßebner, Jahrgang 1962, kam nach dem Studium der Physik und Betriebswirtschaft sowie einer EDV-Ausbildung zur Motor-Presse Stuttgart, wo er als Redakteur das Sport-Ressort der Fachzeitschrift »PS – Das Sport-Motorrad Magazin« leitet. Als Fotograf und Autor arbeitet der gebürtige Stuttgarter im Actionbereich aber auch für andere Magazine der Motor-Presse Stuttgart, wie etwa die Luftfahrtzeitschrift FLUG REVUE.

Mit dem Fliegervirus infiziert wurde der diplomierte Betriebswirt durch seinen Vater, einen ehemaligen Ju 88-Piloten. Nach Jahren intensiver Modellfliegerei am Fuße der Teck folgte 1995 schließlich die Ausbil-

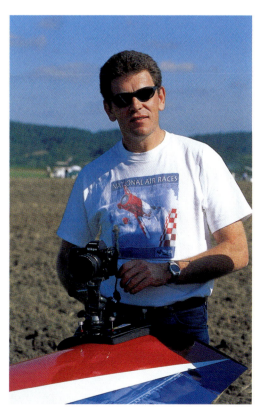

Jürgen Gassebner: Für dieses Buch produzierte er aktuell 26 der vorgestellten Maschinen. Variationen der Segelflug-Fotografie erreichte er beispielsweise mit der Flügelkamera.

VORWORT DER AUTOREN

dung zum Privatpiloten (PPL-A) auf der Hahnweide, und mit einer Pützer Elster B, Baujahr 1962, erfüllte sich Gaßebner auch den lange gehegten Traum vom eigenen Oldtimer-Flugzeug, das er für die Luftbild- und Air-to-Air-Fotografie nutzt.

Der Schwabe schuf sich auch als Autor und Herausgeber etlicher Fachbücher einen Namen. Mehr als ein Dutzend Titel zum Thema Motorrad sind bisher von ihm erschienen, und mit »Die schönsten Ultraleicht-Flugzeuge« sowie mit »Die schönsten Oldtimer-Flugzeuge« kreierte er 1997 eine Buchreihe, deren dritten Band der vorliegende Titel »Die schönsten Segelflugzeuge« darstellt.

Für Action-Aufnahmen entwickelte Jürgen Gassebner zusammen mit dem Kohlefaser-Spezialbetrieb CFP Driesch spezielle Flügelstative aus Carbon-Laminat, mit denen sich das teure Kameragerät schnell und sicher am Flugzeug befestigen läßt. Exklusiv für diesen Titel hat Gassebner 26 der 30 vorgestellten Segelflugzeuge aktuell fotografiert – und die beiden Co-Autoren Uwe Klaus Probst und Steffen Baitinger haben sie auf der Basis ihrer Recherchen sowie einer Menge eigener Erfahrungen treffend charakterisiert.

Im vorliegenden Buch stammen die Beiträge, die mit dem Kürzel »JG« gekennzeichnet sind, von ihm.

Uwe Klaus Probst, in Kreisen der Akaflieg besser bekannt unter seinem Spitznamen »Tintin« (belgisches Original aus dem Comic »Tim und Struppi«), wurde 1972 in Böblingen geboren und kam über seinen Vater zunächst zum Modell- und später zum Segelfliegen. Seine ersten 400 Flugstunden absolvierte er im Flugsportverein Herrenberg auf dem Fluggelände bei Poltringen. Nach Beginn seines Studiums der Luft- und Raumfahrttechnik an der Universität Stuttgart trat er der Akademischen Fliegergruppe Stuttgart, kurz Akaflieg, bei, wo er seit 1993 am Projekt fs 33 maßgeblich mitgearbeitet hat. Zudem ist er als Segelfluglehrer und Fallschirmpacker in der

Uwe Klaus Probst, in Akaflieg-Kreisen besser bekannt als »Tintin«: Für dieses Buch brachte er seine Erfahrungen als Meßpilot ein.

Gruppe engagiert. Seine Flugerfahrung und die Teilnahme an zahlreichen Idaflieg-Sommertreffen, wo er in das Handwerk des ingenieurmäßigen Fliegens, also des Zacherns, eingewiesen und als Meßpilot für Vergleichsflüge ausgebildet wurde, qualifizierten ihn schließlich für die Aufgabe, die Flugerprobung der fs 33 »Gavilán« durchzuführen. Der Erstflug und die für die Zulassung notwendigen Erprobungsflüge mit diesem Prototypen stellten den bisherigen Höhepunkt seiner fliegerischen Karriere dar.

Uwe Klaus Probst hat alle von ihm beschriebenen Flugzeuge selbst geflogen und berichtet daher aus

VORWORT DER AUTOREN

erster Hand. Mit dieser Erfahrung und seinem technischen Hintergrundwissen konnte er die Arbeiten zu diesem Buchtitel in idealer Weise ergänzen. Seine Texte zu den einzelnen Typen, erkenntlich am Kürzel »UKP«, sind gespickt mit eigenen fliegerischen Eindrücken und technischen Hintergrundinformationen, die er zum Teil bei Meßflügen gesammelt hat. Die Arbeit an diesem Buch stellte für »Tintin« einen willkommenen Kontrast zur eher nüchternen Arbeit eines Ingenieurs dar und bot ihm die Möglichkeit, seine Begeisterung für die Fliegerei aus seiner besonderen Perspektive zu vermitteln.

Steffen Baitinger, Jahrgang 1967, studierte Maschinenbau mit den Schwerpunkten Technische Mechanik und Regelungstechnik an der Universität Stuttgart und ist seit seinem Studienabschluß als Diplom-Ingenieur am Institut für Flugmechanik und Flugregelung bei Professor Well an der Uni Stuttgart tätig, wo er sich gegenwärtig vor allem mit den flugmechanischen Eigenschaften des Transportluftschiffes Cargolifter CL 160 befaßt. Während seines Studiums war er maßgeblich an der Entwicklung und am Bau des ersten ferngesteuerten Solarluftschiffes Lotte sowie des Solarmotorseglers Icaré beteiligt. Seit 1993 unterrichtet er überdies Technische Mechanik und Fluidmechanik an der Berufsakademie Stuttgart. Seit 1987 fliegt er auf der Hahnweide bei Kirchheim/Teck Segelflugzeuge und Motorsegler. Seine fliegerischen Schwerpunkte setzt Baitinger beim Wettbewerbssegelflug, vornehmlich auf dem Duo Discus. Mit dem Motorsegler unternimmt er hingegen gerne größere Touren, wie zum Beispiel einen Flug zum Nordkap im Sommer 1998.

Als engagiertes Vereins- und Vorstandsmitglied im Sportfliegerclub Stuttgart e.V. ist er heute Fallschirmwart, Werkstattleiter für Holz- und große GFK-Reparaturen sowie Segelflugzeug-, Motorsegler- und Flugzeugwart. Außerdem besitzt er die Prüfberechtigung für Segelflugzeuge und Motorsegler in Holz-, Gemischt- und Faserverbundbauweise. Seit geraumer Zeit baut er sich ein eigenes, komplett in Faserverbundbauweise aufgebautes, zweisitziges Motorflugzeug, das mit einem modernen Dieselmotor mit Turboaufladung und Direkteinspritzung ausgerüstet werden soll. Im folgenden sind seine Beiträge mit den Initialen »SB« gekennzeichnet.

Steffen Baitinger: Als Ingenieur und Prüfer ist der Stuttgarter in nahezu allen Bereichen der Luftfahrt engagiert. Privat frönt er dem Wettbewerbs-Segelflug, am liebsten mit LS 4 oder Duo Discus.

Bei den Arbeiten zu diesem Werk maßgeblich unterstützt wurden die drei Autoren von Segelflugfotograf Peter F. Selinger, der für die Glasflügel 604 sowie die ASW 15 sein Archiv öffnete. Jochen Ewald, anerkannter Segelflugexperte und Fotograf, steuerte wiederum die Produktion der DG 800 bei, und die Akaflieg Braunschweig ergänzte die Bilderreihe der SB 10 für diesen Band mit historischen Aufnahmen. Last but not least leisteten Mario Rodrigues und sein Fotofachlabor DiaService in Stuttgart wieder meisterliche Arbeit bei Reproduktionen und Dia-Composings. Ihnen allen sei an dieser Stelle herzlich für Ihre Unterstützung gedankt.

Inhalt

Vorwort der Autoren 5
Stille Schönheiten

Aufwind durch Kunststoff 12
Technologie des Segelflugzeugbaus

Gigant der Lüfte 16
Akaflieg Braunschweig SB 10

Tele-Vision 20
Akaflieg Stuttgart fs 29 »TF«

Der Sperber wird flügge 26
Akaflieg Stuttgart fs 33 »Gavilán«

Erfolgs-Rezept 30
Glaser-Dirks DG 100/DG 101 G

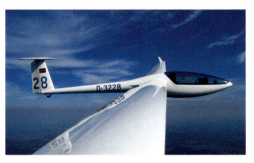

Bewährte Fortsetzung 36
Glaser-Dirks DG 300 Elan

Eigenstarter in Serie 40
Glaser-Dirks DG 400

Vollkommene Unabhängigkeit 44
Glaser-Dirks DG 800

INHALT

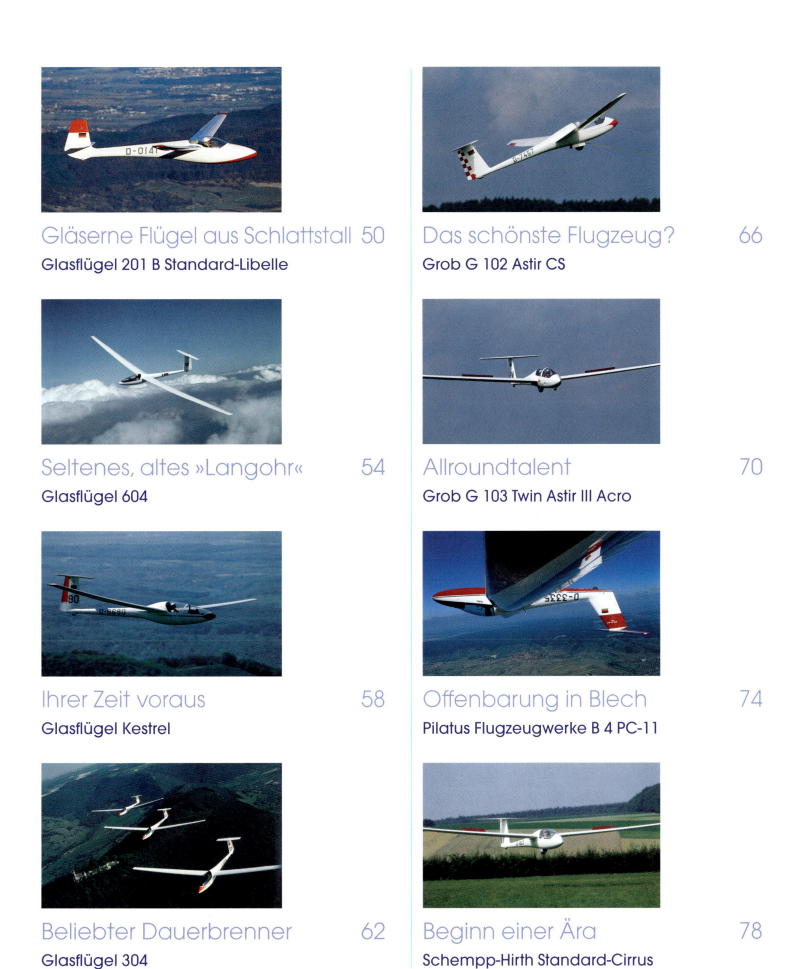

Gläserne Flügel aus Schlattstall 50
Glasflügel 201 B Standard-Libelle

Seltenes, altes »Langohr« 54
Glasflügel 604

Ihrer Zeit voraus 58
Glasflügel Kestrel

Beliebter Dauerbrenner 62
Glasflügel 304

Das schönste Flugzeug? 66
Grob G 102 Astir CS

Allroundtalent 70
Grob G 103 Twin Astir III Acro

Offenbarung in Blech 74
Pilatus Flugzeugwerke B 4 PC-11

Beginn einer Ära 78
Schempp-Hirth Standard-Cirrus

INHALT

Nimm Zwei 82
Schempp-Hirth Nimbus 3D

Neue Maßstäbe 86
Schempp-Hirth Duo Discus

Schnell wie der Wind 90
Schempp-Hirth Ventus 2cT

Schweres Erbe 94
Schempp-Hirth Discus 2b

Klassiker in Holzbauweise 98
Schleicher Ka 6 CR

Generationswechsel 102
Schleicher ASW 15

Die alte Garde 106
Schleicher ASW 20

Der Durchbruch 110
Schleicher ASH 25

Filigran bis ins Detail 114 Schleicher ASW 27	Einfach, aber genial 130 Rolladen-Schneider LS 8
Weltmeister aus Egelsbach 118 Rolladen-Schneider LS 1	Ein guter Kompromiß 134 Start & Flug H 101 Salto
Klasse und Masse 122 Rolladen-Schneider LS 4	Der Turnmeister 138 Alfred Vogt / Wolf Hirth Lo 100 »Zwergreiher«
Trendsetter 126 Rolladen-Schneider LS 6	Sachwortverzeichnis 142 Begriffe aus der Welt des Segelfliegens Gesucht und Gefunden 143 Segelflugschulen und Segelflugzeughersteller in Deutschland Bibliographie 143

Technologie des Segelflugzeugbaus

AUFWIND DURCH KUNSTSTOFF

AUFWIND DURCH KUNSTSTOFF

Erst der Einsatz von Faser-Verbundwerkstoffen ermöglichte im Segelflugzeugbau extrem dünne und leistungsfähige Flügelprofile bei gleichzeitig höchster Festigkeit, Steifigkeit und Oberflächengüte.

Anfang der sechziger Jahre erkannten die Konstrukteure die Problematik bei Leistungs-Segelflugzeugen aus Holz immer deutlicher: Wollte man die Leistungsfähigkeit der Flugzeuge hinsichtlich Geschwindigkeit und Gleitzahl weiter steigern, führte kein Weg an dünneren, laminar umströmten Profilen vorbei – ein Ansinnen, bei dem die notwendige Oberflächentreue sowie die Festigkeitswerte unter Beibehaltung der herkömmlichen Holm-Rippenbauweise jedoch nur schwer einzuhalten waren. Eine neue Technologie war damit also unbedingt gefordert.

Die Lösung auf breiter Front fand sich schließlich im Einsatz von Glasfaserlaminat, also in Negativformen eingebrachtes Glasgewebe, das durch Tränken mit Epoxydharz nach dem Aushärten zu einem stabilen und trotzdem leichten Werkstoff wird. Vorteilhaft an dieser Art, Flügel, Leitwerke und Rümpfe herzustellen, waren aber nicht nur die dadurch möglichen dünnen Profile, die hohe Profiltreue über den gesamten Flügel hinweg sowie eine hervorragende Oberflächengüte, sondern auch die hohe Alterungsbeständigkeit, Unempfindlichkeit gegenüber Feuchtigkeit und Reparaturfreundlichkeit des glasfaserverstärkten Kunststoffes (GFK).

Bereits Ende der sechziger Jahre hielt der Werkstoff GFK in die Serienproduktion von Segelflugzeugen Einzug, und ein Hersteller leitete von diesem neuen Material sogar seine Firmenbezeichnung ab: »Glasflügel« in Schlattstall wurde für lange Zeit zum Synonym für Hochleistungssegelflugzeuge aus Glasfaserlaminat, und praktisch alle anderen Hersteller bedienten sich ebenfalls dieser Technik.

Einen weiteren Leistungssprung erreichte der Segelflugzeugbau in den achtziger Jahren durch den Einsatz noch hochwertigerer Faserwerkstoffe wie Carbon (Kohlefaser) und Aramid (Kevlar). Der entscheidende Vorteil von Carbon gegenüber Glasfaser-Laminat liegt in einer etwa 50 Prozent größeren Zugfestigkeit sowie in einer rund 3,5 fachen Steifigkeit bei gleichem Gewicht. In der Praxis bedeutet dies, daß ein komplett aus Carbon gefertigtes Segelflugzeug bei gleichen Festigkeitswerten etwa ein Viertel weniger als das vergleichbare Glasfaser-Pendant wiegen könnte. Allerdings setzen die Konstrukteure diesen Materialvorteil nur zu einem Teil in Gewichtsersparnis um. Ebensoviel Wert legte man auf noch höhere Festigkeiten, um damit noch höhere Belastungen im Flugbetrieb zu ermöglichen.

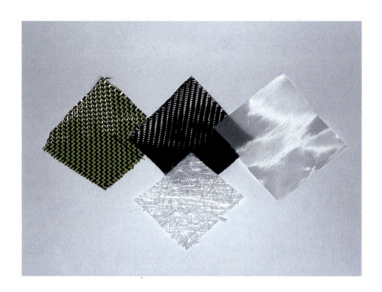

Kleine Werkstoffkunde: Carbon-Aramid-, Carbon- und Glasgewebe (von links) sind die Haupt-Werkstoffe beim Bau von Kunststoff-Segelflugzeugen. Nicht eingesetzt wird hingegen die Glasmatte (unten), die aufgrund des in ihr enthaltenen Bindemittels nur mit Polyesterharz verarbeitet werden kann.

TECHNOLOGIE DES SEGELFLUGZEUGBAUS

Exotisch: Mit Carbon-Laminat verklebte Nomex-Waben ergeben einen höchst steifen Verbund, aus dem etwa der Rumpf des Hochleistungs-Solar-Motorseglers Icaré gefertigt ist. Die Verarbeitung ist sehr aufwendig, garantiert dafür aber hohe Gewichtsersparnis.

Bei der Verarbeitung von Kohlefaser arbeiten die Segelflugzeughersteller auch heute noch nach dem Handlaminierverfahren, das heißt, daß die mit Epoxydharz getränkten Gewebestücke von Hand in die Formen eingelegt und mit Walzen, Pinsel sowie Entlüfterrollen in Form gebracht werden. Überschüssiges Harz wird dabei von Vakuumpumpen abgesaugt, und der äußere, in der Umgebung herrschende Luftdruck preßt das Laminat in die Form, was zu einer zusätzlichen Verdichtung des Materials führt. Der Vorgang des Aushärtens erfolgt entweder bei Raumtemperatur (20 Grad Celsius) oder – im Falle beheizbarer Formen – bei etwa 60 Grad Celsius. Als höchste Stufe der Kohlefaserverarbeitung existiert derzeit das formtreue Weben der gesamten Gewebestruktur eines Bauteils mittels computergesteuerter Vierachsenmaschine sowie das anschließende Aushärten und Tempern des Bauteils in Drucköfen, den sogenannten Autoklaven, die nicht nur minimales Gewicht, sondern auch höchste Qualität des Laminats im Hinblick auf Lufteinschlüsse garantieren. Überdies sorgt das formtreue Weben für exakt den Kräfteverläufen angepaßte Faserausrichtungen, was gerade bei der Carbonfaser wichtig ist, die zwar in Zugrichtung sehr hoch, in Druckrichtung jedoch nur gering belastbar ist.

Diese Art der Kohlefaserverarbeitung wird in der industriellen Fertigung von Segelflugzeugen aus Kostengründen bisher nicht eingesetzt. Allerdings wäre mit dieser Art der Herstellung noch ein kleiner Qualitäts- und damit Leistungssprung realisierbar.

Ganz im Sinne der passiven Sicherheit könnten sich hingegen Fasern wie die Aramidfaser oder Dyneema etablieren, die sich vor allem durch ihre enorme Reißfestigkeit und Arbeitsaufnahmefähigkeit auszeichnen. Sicherheitscockpits von Segelflugzeugen, wie sie derzeit schon im Einsatz sind, können auf diesen Werkstoff nicht verzichten. Wir dürfen also gespannt sein, was die Zukunft im Segelflugzeugbau noch bringen wird.

Höchste Stufe der Carbon-Verarbeitung: Erst in Drucköfen, den sogenannten Autoklaven, lassen sich Kohlefaser-Formteile in optimaler Qualität fertigen. Im Segelflugzeugbau hat sich diese Art der Fertigung aus Kostengründen aber noch nicht durchgesetzt.

Akaflieg Braunschweig SB 10
GIGANT DER LÜFTE

GIGANT DER LÜFTE

Als gewaltigstes Kunststoff-Segelflugzeug aller Zeiten schrieb die SB 10 als Projekt der Braunschweiger Akaflieg 1972 Luftfahrtgeschichte. Bis heute blieben die meisten Eckdaten dieser Super-Orchidee unerreicht.

Mit ihren gewaltigen Abmessungen von 29 Metern Spannweite, mehr als zehn Metern Rumpflänge sowie einem über 2,3 Meter hohen Seitenleitwerk sprengte die SB 10 als Schöpfung der Akademischen Fliegergruppe der Technischen Universität Braunschweig 1972 alle bis dahin bekannten Größenordnungen im Segelflugzeugbau. Mit 577 Kilogramm Rüstmasse und einem Maximalgewicht von 897 Kilogramm stieß sie auch in diesen Punkten in Bereiche vor, die bis dahin höchstens von Motorflugzeugen her bekannt waren.

Entstanden ist die SB 10 als studentisches Projekt aus den Erkenntnissen, die man bereits mit den Flugzeu-

Segelflugzeug der Superlative: Mit 29 Metern Spannweite und einem 2,32 Meter hohen Seitenleitwerk sprengt die SB-10 noch heute alle Vorstellungen.

AKAFLIEG BRAUNSCHWEIG SB 10

Nüchterne Atmosphäre: der SB-10 sieht man den Akaflieg-Prototypen auch im Cockpit an.

SB 10

Hersteller
Akademische Fliegergruppe Braunschweig e.V.

Abmessungen

Spannweite	29 m (fünfteiliger Flügel) (26 m (dreiteiliger Flügel))
Rumpflänge	10,36 m
Flügelfäche	22,95 m² (21,82 m²)
Streckung	36,6 (31,0)

Massen

Leermasse	577 kg (569 kg)
max. Flugmasse	897 kg (889 kg)

Leistungsdaten

min. Flächenbelastung	29 kg/m² (30 kg/m²)
max. Flächenbelastung	39 kg/m² (41 kg/m²)
geringstes Sinken (bei 75 km/h)	0,41 m/s (0,43 m/s)
max. Gleitzahl (bei 90 km/h)	53 (51)
Flügelprofil	FX 62-K-153 (innen) FX 62-K-131 (Mitte) FX 60-126 (Querruder)

Erstflug 1972

gen SB 8 und SB 9 gewonnen hatte. So vergrößerte man etwa nochmals die Spannweite, indem man zusätzlich zu den SB 9-Flügeln ein Flügelmittelstück, das übrigens vorwiegend aus Kohlefaser hergestellt war, baute. Kurze, zusätzlich anzubringende Außenflügel erlaubten zudem die Variierung der Spannweite zwischen 26 und 29 Metern. Zum damaligen Zeitpunkt erreichte die SB 10 in der »kleinen« Version eine Gleitzahl von 51, und mit der 29 Meter-Version war sogar 53 möglich. Selbst heute, mehr als 25 Jahre nach ihrem Erstflug, sind dies noch respektable Flugleistungen. JG

Hebel-Verhältnisse: Das Handling der SB-10 erfordert vom Piloten Aufmerksamkeit, denn die Zahl der notwendigen Handgriffe ist groß.

Akaflieg Stuttgart fs 29 »TF«

TELE-VISION

TELE-VISION

Selbst unter den vielen Prototypen der Akafliegs ist die fs 29 »TF« ein Exot. Auch heute noch ist sie das einzige Flugzeug der Welt mit Teleskopflügeln.

Die fs 29 »TF« (für Teleskop-Flügel) ist mit Sicherheit eines der ungewöhnlichsten und ehrgeizigsten Projekte, die je in Kreisen der Akafliegs verwirklicht wurden. Sie war 1975 das erste, und ist bisher das einzige Segelflugzeug der Welt, das während des Fluges seine Spannweite ändern kann. Damit läßt sich das Flugzeug hervorragend an die unterschiedlichen Geschwindigkeitsbereiche während des Überlandfliegens anpassen. Zum Thermikkreisen wird die volle Spannweite von 19 Metern verwendet, somit besitzt das Flugzeug eine geringe Flächenbelastung bei hoher Streckung. Im Schnellflug, bei eingefahrenen Tragflächen ist die Flächenbelastung sehr hoch und ermöglicht das Gleiten mit hoher Geschwindigkeit, bei geringer umspülter Oberfläche. Damit ist dieses Verfahren optimaler als die Tragflächenvariierung mittels Flügelklappen. Realisiert wurde dieses Prinzip mittels einer Teleskopmimik, wobei der Außenflügel über den Innenflügel geschoben wird. Die Bewegung wird rein mechanisch über einen Zahnriemenantrieb durch den Piloten bewerkstelligt. Im Flügel der fs 29 wurde außerdem zum ersten Mal Kohlefaser für tragende Strukturteile (Holm, Flügelschale) in der Akaflieg Stuttgart verwendet. Der Rumpf ist mit seiner langgestreckten Leitwerksröhre aus Aluminium ebenfalls ungewöhnlich. Rumpfboot und Leitwerk sind, mit Modifikationen, vom Nimbus 2 übernommen.

Auch fliegerisch ist die »Tango Fox« ein Exot. Die Flugeigenschaften sind ungewöhnlich und zum Teil sehr anspruchsvoll. Bei voller Spannweite ist die Rollwendigkeit äußerst schlecht und das Leitwerk etwas zu klein. Bei kleiner Spannweite wird das Überziehverhalten recht »sportlich«, wobei Trudeln ein großes »No-No« ist, da der Teleskopantrieb durch die Fliehkräfte beschädigt werden kann. Im Extremfall könnte ein Außenflügel wegfliegen, mit nachvollziehbaren Folgen für das Flugzeug. Da die am Innenflügel angebrachten Bremsklappen vom Außenflügel überdeckt werden, sind sie nur bei voller Spannweite benutzbar. Im Falle eines Versagens des Teleskopantriebs stünde

Typisch für die fs 29 »TF«: Autor Uwe Klaus Probst beim Demonstrieren der Hub-Mimik, die über den Hebel an der linken Cockpitseite die Veränderung der Spannweite erlaubt.

AKAFLIEG STUTTGART FS 29 »TF«

nur der Bremsschirm im Leitwerk zum Landeanflug zur Verfügung. Durch das hohe Leergewicht verzeiht die fs 29 auch keine harten Landungen. Aus diesen Gründen ist sie nur einem kleinen Kreis sehr erfahrener Piloten vorbehalten. Ihre, im Vergleich zu Flugzeugen aus der gleichen Generation, sehr guten Flugleistungen werden durch die hohe Arbeitsbelastung des Piloten stark begrenzt. Das kontinuierliche Betätigen des Teleskopantriebs während eines Überlandfluges ist äußerst ermüdend und sorgt zum Teil sogar für Muskelkater. An Tagen mit großräumiger, hochreichender Thermik mit langen Gleitstrecken ist die fs 29 jedoch in ihrem Element. Zweifellos ist die fs 29 eines der interessantesten Flugzeuge in der Geschichte des Segelflugs überhaupt. UKP

Hoch dekoriert: Entwicklung, Bau und Flugerprobung der fs 29 »TF« mit ihrer variablen Spannweite brachte der Akaflieg Stuttgart ein Ehrendiplom der FAI sowie den Wolf Hirth Preis der Fachzeitschrift FLUG REVUE ein.

fs 29 »TF«

Hersteller Akaflieg Stuttgart

Abmessungen
Spannweite	13,3–19,0 m
Rumpflänge	7,14 m
Flügelfläche	8,43–12,65 m²
Streckung	20,5–28,5

Massen
Leermasse	375 kg
max. Flugmasse	475 kg

Leistungsdaten
min. Flächenbelastung	35,65 kg/m²
max. Flächenbelastung	56,35 kg/m²
geringstes Sinken (bei 81 km/h)	0,56 m/s
max. Gleitzahl	44
Flügelprofil	FX 73-K-170/22 $\beta = 0°$

Erstflug 1975

AKAFLIEG STUTTGART FS 29 »TF«

Konzept mit Variationen: Hier zeigt sich die fs 29 »TF« mit eingefahrenen Flügeln auf dem Gelände der Universität Stuttgart.

Akaflieg Stuttgart fs 33 »Gavilán«

DER SPERBER WIRD FLÜGGE

DER SPERBER WIRD FLÜGGE

Das neueste Projekt der Stuttgarter Akaflieger streckt seine Flügel. Auf den ersten Blick eher konventionell, weist die fs 33 doch einige Details auf, die nicht alltäglich sind.

Die auf den spanischen Namen »Gavilán« (zu deutsch »Sperber«) getaufte fs 33 ist das zur Zeit neueste Projekt der Stuttgarter Akaflieger und hatte seinen Erstflug am 28.5.1998. Innerhalb von 5 Jahren konzipiert und gebaut für die 20 Meter-Doppelsitzerklasse, ist die fs 33 auf den ersten Blick ein eher konventionelles Projekt. Dies war jedoch volle Absicht. Man wollte bewußt kein zu exotisches Flugzeug konstruieren, das durch anspruchsvolle Flugeigenschaften in seinen ausfliegbaren Flugleistungen und seiner Praxistauglichkeit eingeschränkt wird, wie so viele der früheren Projekte. Zudem finden sich etliche Detaillösungen, die eine Neuerung darstellen.

Beim Rumpf wurde auf den bewährten und, sowohl optisch als auch aerodynamisch, gelungenen Rumpf der fs 31 zurückgegriffen. Dieser erhielt jedoch eine geänderte Belegung und das Leitwerk des Nimbus 4D. Der Flügel ist komplett neu, wobei hier das Wölbklappenprofil der fs 32 »Aguila« wieder verwendet wurde, diesmal jedoch ohne Fowlerklappe. Bei der Belegung der Flügelschale wurde kein Gewebe, sondern CFK-Unidirektionalgelege verwendet. Dies hat den Vorteil, daß die Fasern nicht in S-Schlägen im Laminat liegen, sondern geradlinig verlaufen. Durch die bessere Ausnutzung der Fasern wurde deutlich Gewicht eingespart. Auch bei der Flügelsteuerung flossen neue Erkenntnisse mit ein. Die drei Hinterkantenklappen werden durch einen komplizierten Flügelmischer getrennt angesteuert. Querruder- und Wölbklappenausschläge werden derart überlagert, daß immer eine optimale Auftriebsverteilung gewährleistet ist. Bei der Flügel-

Die fs 33 beim offiziellen Erstflug: Am 27.06.1998 erhob sich der Doppelsitzer unter Flugerprobungsleiter und Autor Uwe Klaus Probst erstmals in die Luft.

Unterstützung von IBM: Uwe Klaus Probst nimmt von Hans Jürgen Götz (IBM) das zur meßtechnischen Erfassung im Fluge notwendige Notebook entgegen. Diese Art des Zacherns war gleichzeitig Gegenstand von Probsts Studien- und Diplomarbeiten.

fs 33 »Gavilán«

Hersteller   Akaflieg Stuttgart

Abmessungen
Spannweite	20 m
Rumpflänge	8,98 m
Flügelfäche	14,4 m²
Streckung	27,7

Massen
Leermasse	378 kg
max. Flugmasse	640 kg

Leistungsdaten
min. Flächenbelastung	29,5 kg/m²
max. Flächenbelastung	44,4 kg/m²
geringstes Sinken	nicht vermessen
max. Gleitzahl	48 (errechnet)
Flügelprofil	AH 81-K-144/17

Erstflug   1998

steuerung wurde außerdem durch die Verwendung von CFK-Steuerstangen noch zusätzlich Gewicht gespart. Überhaupt wurde bei der fs 33 fast ausschließlich Kohlefaser verwendet. Das für einen Wölbklappen-Doppelsitzer äußerst geringe Leergewicht von knapp 380 kg kommt nicht von ungefähr.

Bei der bisherigen Flugerprobung konnte die fs 33 bereits ihre gutmütigen Flugeigenschaften unter Beweis stellen. Rein optisch gesehen ist die fs 33 zumindest aus Sicht der Akaflieger das schönste Segelflugzeug überhaupt. Rundum also ein gelungenes, praxistaugliches Flugzeug. UKP

Leichtbau im Detail: Hochfestes Carbonlaminat half auch beim gefederten und aus Sicherheitsgründen hohen Hauptfahrwerk Gewicht einzusparen.

Glaser-Dirks DG 100/DG 101 G
ERFOLGS-REZEPT

ERFOLGS-REZEPT

Mit der DG 100 präsentierte Glaser-Dirks 1974 das erste Serienflugzeug des noch jungen Herstellers aus Untergrombach mit einer weit nach vorne gezogenen Kabinenhaube als charakteristischem Merkmal.

Erst 1973 gründeten Gerhard Glaser und Wilhelm Dirks in Bruchsal den vierten bedeutenden Hersteller von Leistungs-Segelflugzeugen in Kunststoffbauweise. Wilhelm Dirks, der bei der Darmstädter Akaflieg an der Konstruktion und am Bau der D 37 und D 38 beteiligt war, entwickelte die D 38 bei Glaser-Dirks zur serienreifen DG 100. Der Grundstein für die neue Firma war gelegt. Die weit nach vorn gezogene Haube in Verbindung mit dem Doppeltrapez-Flügel mit gerader Vorderkante und der Parallelogramm-Steuerung blieben bis heute die Erkennungszeichen der DG-Flugzeuge. Bequeme Sitzposition, angenehme Flugeigenschaften und die weit nach vorne gezogene Haube verhalfen

Typisches Cockpit: Wie bei allen DG-Maschinen ist die Haube sehr weit nach vorne gezogen, und die Beine des Piloten liegen sehr hoch.

GLASER-DIRKS DG 100/DG 101 G

»G« wie »gedämpft«: Im Gegensatz zur DG 100 spendierten die Konstrukteure der DG 101 G ein gedämpftes Höhenleitwerk an Stelle eines sensiblen Pendelruders.

ihnen von Anfang an zu guten Verkaufszahlen. Wie die meisten Flugzeuge dieser Zeit hatte auch die DG 100 anfangs ein Pendelhöhenleitwerk. Mit der DG 100 G spendierte Wilhelm Dirks auch dieser Baureihe ein gedämpftes Höhenleitwerk, was vor allem den Flugzeug-Schlepp deutlicher ruhiger und weniger anstrengend gestaltet. Die nächste Entwicklungsstufe, die DG-101 G, verfügte dann bereits über die lange und nach vorne aufklappbare, auch heute in dieser Form bei DG noch vorhandene, ungeteilte Haube. Gebaut wurden in Untergrombach bis 1978 105 Stück der DG 100. Bei ELAN im damaligen Jugoslawien verließen weitere 220 Maschinen die Hallen. Diese Verbindung besteht bis heute. Dort werden noch die DG 300 und sowie der Doppelsitzer DG 500 hergestellt. SB

DG 100/DG 101 G

Hersteller
Glaser-Dirks, Untergrombach

Abmessungen
Spannweite	15 m
Rumpflänge	7,0 m
Flügelfäche	11 m²
Streckung	20,45

Massen
Leermasse	235 kg
max. Flugmasse	418 kg

Leistungsdaten
min. Flächenbelastung	28,2 kg/m²
max. Flächenbelastung	38 kg/m²
geringstes Sinken (bei 74 km/h)	0,59 m/s
max. Gleitzahl (bei 105 km/h)	39
Flügelprofil	FX 61-184/FX 61-126

Erstflug 1974

ERFOLGS-REZEPT

Schöner als die DG 100: Vom Vorgängermodell unterscheidet sich die DG 101 G auf den ersten Blick durch ihre Haube, die einteilig und ohne ein die Sicht behinderndes Mittelstück ausgeführt ist.

Glaser-Dirks DG 300 Elan

BEWÄHRTE FORTSETZUNG

BEWÄHRTE FORTSETZUNG

Mit der DG 300 führte Glaser-Dirks im Jahre 1983 das mit der DG 100 erfolgreich eingeführte Konzept fort, und auch dieses Standardklasse-Flugzeug entwickelte sich zu einem Verkaufsschlager.

Nach den Verkaufserfolgen der DG 100 wurde 1983 die DG 300 Elan als Nachfolgemodell und Vertreter der »neuen« Standard-Klasse vorgestellt. Die Konstruktionsmerkmale blieben im wesentlichen die gleichen wie bei der DG 100. Mit der Parallelogrammsteuerung und der weit nach vorn gezogenen Kabinenhaube als deutlichsten Erkennungsmerkmalen. Der Flügel, diesmal als Dreifach-Trapez ausgebildet, wieder mit gerader Vorderkante was einer Vorpfeilung entspricht, erhielt ein modernes HQ-Profil, Ausblasung auf der Unterseite und automatische Ruderanschlüsse. Der Seitenflossentank, damals eine Neuerung, erlaubt das Austrimmen von kopflastigen Momenten, die durch Flügelwasser-Ballast hervorgerufen werden. Bei immerhin 190 Litern möglichem Wasserballast nicht zu verachten.

Die DG 300 Elan wurde ab 1988 auch als DG 300 Club Elan gebaut. Als solche besitzt sie kein Einziehfahrwerk, die Ausblasung fiel weg und Wassertanks gab es für den geringeren Preis auch nicht. Gedacht war sie vor allem, wie der Name schon sagt, für den Club-Betrieb. Eine Gleitzahlverschlechterung von ca. 1 Punkt läßt sich für den Schulbetrieb wohl ohne Probleme in Kauf nehmen. Eine ebenfalls interessante Variante ist die Kunstflugtaugliche DG 300 Acro, genauso für den Streckenflug geeeignet aber mit verstärktem Flügel. Nach Profiländerungen kam dann die DG 303 in den verschiedenen Versionen

Mit Freiraum: Auch die DG 300 profitiert vom großzügig ausgeschnittenen Cockpit, das dem Piloten beste Sichtverhältnisse garantiert.

GLASER-DIRKS DG 300 ELAN

Elegante Erscheinung: Mit der DG 300 schuf Glaser-Dirks 1983 einen gleichermaßen schönen wie beliebten Einsitzer der Standard-Klasse.

bis hin zur DG 303 acro für den Kunstflug – ebenfalls mit verstärktem Flügel.

Bis heute wurde die DG 300 in allen Versionen bereits fast 500 Mal ausgeliefert. Die angenehme Sitzposition verbunden mit ausgewogenen Flugeigenschaften und einer harmonischen Ruderabstimmung machten diese Maschine zu einem beliebten Vereins- und Wettbewerbsflugzeug. SB

DG 300 Elan

Hersteller	Glaser-Dirks, Untergrombach
Abmessungen	
Spannweite	15 m
Rumpflänge	6,8 m
Flügelfäche	10,27 m²
Streckung	21,9
Massen	
Leermasse	245 kg
max. Flugmasse	525 kg
Leistungsdaten	
min. Flächenbelastung	31 kg/m²
max. Flächenbelastung	51 kg/m²
geringstes Sinken (bei 72 km/h)	0,59 m/s
max. Gleitzahl (bei 100 km/h)	41
Flügelprofil	Horstmann und Quast
Erstflug	1983

Leicht modifiziert: An dieser DG 300 wurden Winglets montiert, die sich vor allem beim Kurbeln positiv bemerkbar machen.

Glaser-Dirks DG 400

EIGENSTARTER IN SERIE

EIGENSTARTER IN SERIE

Im Jahre 1983 läutete Glaser-Dirks mit der DG 400 eine neue Ära im Segelflug ein. Erstmals verfügte ein Serien-Segelflugzeug über ein Klapptriebwerk, das es von Winden und Schleppflugzeugen unabhängig machte.

Die DG 400 als eigenstartfähiger Motorsegler mit Klapptriebwerk ging aus der DG 200 mit 17 Metern Spannweite hervor. Durch Verwendung von Kohlefaser bei Tragflächen, Wölbklappen und Querrudern konnte das Gewicht trotz des Motors für den Eigenstart relativ niedrig gehalten werden. Als eines der meistverkauften eigen-

Wie gewohnt: Auch der Cockpit-Rand der DG 400 ist weit nach vorn sowie nach unten gezogen. Das erleichtert den Ein- und Ausstieg – auch im Notfall.

startfähigen Segelflugzeuge bot es, mit den großen Flügelrädchen und einem lenkbaren Spornrad, als erste Maschine die Möglichkeit, mit hängender Fläche, völlig eigenständig zum Start zu rollen und ohne eine Hilfsperson, die die Fläche hielt, zu starten. Ein sehr einfach zu bedienendes Motorsteuerungs- und Überwachungsgerät trug sicherlich zum Erfolg des Flugzeugs bei, von dem fast 300 Stück gebaut wurden. Die Steigleistung liegt mit dem eingebauten 43 PS-Zweitakt-Motor bei ca. 3,5 m/s, was für ein Flugzeug mit Klapptriebwerk einen sehr guten Wert darstellt. Für den reinen Segelflug bekommt der Pilot ein Flugzeug mit den guten Flugeigenschaften und dem bequemen Cockpit der DG 200. Das Flügelprofil reagiert, im Vergleich zu modernen Profilen der 90er Jahre, deutlich empfindlicher auf Mücken. Der außenliegende Motor verbreitet beim Start mehr Lärm als man das von neueren eigenstartfähigen Flugzeugen, zum Beispiel der DG 800 B, kennt. Bei diesen klappt nurmehr der Propeller aus dem Rumpf aus, der Motor bleibt im Inneren. Da aber die Lärmentwicklung bei der DG 400 fast nur aus tiefen Frequenzen besteht, wirkt dieses Flugzeug trotzdem recht leise. Die angenehmen Flugeigenschaften machen dieses Flugzeug in Verbindung mit dem einfach zu bedienenden Eigenstarter-Motor zu einem der beliebtesten Segelflugzeuge, das sich auch ganz hervorragend für den Wandersegelflug einsetzen läßt. SB

Klassischer DG-Stil: Das typische gepfeilte Höhenleitwerk in gedämpfter Ausführung findet sich bei zahlreichen Modellen der DG-Baureihe wieder.

DG 400

Hersteller	Glaser-Dirks, Untergrombach
Abmessungen	
Spannweite	15 m
Rumpflänge	7 m
Flügelfäche	10 m²
Streckung	22,5
Massen	
Leermasse	300 kg
max. Flugmasse	450 kg
Leistungsdaten	
min. Flächenbelastung	36 kg/m²
max. Flächenbelastung	45 kg/m²
geringstes Sinken (bei 72 km/h)	0,60 m/s
max. Gleitzahl (bei 100 km/h)	41
Flügelprofil	FX 67-K-170/17
Erstflug	1983

Glaser-Dirks DG 800

VOLLKOMMENE UNABHÄNGIGKEIT

VOLLKOMMENE UNABHÄNGIGKEIT

Der Nachfolger der berühmten DG 400 bietet den gleichen Komfort wie der Vorgänger, ist nun aber leistungsmäßig an die neue 18 Meter-Klasse angepaßt.

Mit der DG 800 stellt die Firma aus Bruchsal den Nachfolger der erfolgreichen DG 400 vor, einen der ersten, wirklichen Klapptriebwerks-Motorsegler, welcher die gelungene Symbiose aus der stillen Ästhetik des Segelfliegens und der Unabhängigkeit motorisierter Flugzeuge darstellt.

Die 400 war auch durch die Wahl der Spannweite von 18 Metern richtungsweisend und die 800 fliegt ebenfalls in dieser, mittlerweile etablierten, Klasse. Der Wölbklappenflügel der 800 ist in seinem Grundriß, mit der Rückpfeilung des Außenflügels, an die DG 600 angelehnt, wobei bei der 800 wieder ein dickeres Profil Verwendung fand. Das extrem dünne Schnellflugprofil der 600, mit nur 12 % relativer Dicke, hatte sich infolge von Leistungseinbußen im Langsamflug und schwieriger Überzieheigenschaften nicht bewährt. Die Flügelteilung blieb jedoch er-

Prominenter »Monteur«: Der bekannte englische Segelfluglehrer und Stunt-Pilot Derek Piggott (»Die tollkühnen Männer in ihren fliegenden Kisten«) mit den »Ansteckohren«, die die Spannweite von 15 auf 18 Meter vergrößern.

GLASER-DIRKS DG 800

halten, so daß die 800 auch mit 15 Metern in der Rennklasse geflogen werden kann. Durch den schweren Motorseglerrumpf und die daraus resultierende, hohe Flächenbelastung ist dies jedoch nur für die DG 800 S-Version wirklich sinnvoll. Diese erhielt den zierlichen DG 600-Rumpf ohne Antrieb, stellt also die reine Segelflugversion der 800 dar.
In beiden Versionen besticht die 800 durch ausgezeichnete Flugeigenschaften und gute Flugleistungen. Sie ist ein recht agiles 18 Meter-Flugzeug. In der 15 Meter-Version ist die hohe Rollwendigkeit noch ausgeprägter. Das Cockpit ist DG-typisch, mit seiner großen, weit nach vorn gezogenen Haube und der

Ideal zum Luftwandern: Für's Fliegen »just for fun« eignet sich die DG 800 B mit dem 54 PS starken Solo-Zweitaktmotor ebenso gut wie für den Leistungs- und Wettbewerbssegelflug.

Parallelogrammsteuerung für das Höhenruder. Die Sitzposition ist sehr angenehm und ermöglicht auch auf längeren Flügen ein ermüdungsfreies Fliegen. Die große Haube bringt jedoch nicht nur Vorteile: Die meisten DG-Piloten haben sich angewöhnt, keine hellen Socken beim Fliegen zu tragen. Da dies – und das ist ganz ernst gemeint – mitunter zu unan-

VOLLKOMMENE UNABHÄNGIGKEIT

genehmen Spiegelungen im vorderen Haubenbereich führt.

Die eigenstartfähige DG 800 ist für viele Privatflieger der erfüllte Traum vom Segelflugzeug mit eingebauter Schleppmaschine bei praktisch uneingeschränkten Segelflugleistungen. UKP

DG 800

Hersteller	Glaser-Dirks, Untergrombach
Abmessungen	
Spannweite	18,0/15,0 m
Rumpflänge	7,025 m
Flügelfäche	10,68/11,81 m²
Streckung	21,07/27,43
Massen	
Leermasse	334/338 kg
max. Flugmasse	525 kg
Leistungsdaten	
min. Flächenbelastung	k.A.
max. Flächenbelastung	49,2/44,5 kg/m²
geringstes Sinken (bei 80/76 km/h)	0,59/0,50 m/s
max. Gleitzahl (bei 116/110 km/h)	45/50
Flügelprofil	L.M. Boermans
Erstflug	1991

Eine Familie: Segler DG 800 S (links) mit den 15 Meter-Flügelenden und DG 800 A mit 18 Metern Spannweite.

Glasflügel 201 B Standard-Libelle

GLÄSERNE FLÜGEL AUS SCHLATTSTALL

GLÄSERNE FLÜGEL AUS SCHLATTSTALL

Mittlerweile wird sie schon als Liebhaber-Flugzeug gehandelt: Mit der Standard-Libelle schuf Eugen Hänle zweifellos eines der markantesten Kunststoff-Segelflugzeuge.

Die von Wolfgang Hütter konstruierte und von Eugen Hänle in seiner Firma »Glasflügel« gebaute Standard-Libelle entstand aus der H 301, der sogenannten »Klappen-Libelle« und war, bis zur Einführung des Standard Cirrus, mit über 600 Mustern das meistverkaufte Kunststoffsegelflugzeug überhaupt. Im Gegensatz zur H 301 erhielt die 201 ein Wortmann-Profil und einen leicht geänderten Flügelgrundriß. Die Libelle besitzt mit ihrer aufgesetzten Kuppelhaube und dem kleinen, abgerundeten Kreuzleitwerk ein besonders charakteristisches Erscheinungsbild und trägt unverkennbar die Handschrift des legendären Eugen Hänle. Viele Konstruktionsdetails, die heute zum Standard gehören, wie zum Beispiel automatische Ruderanschlüsse, stammen ursprünglich von ihm. Die wie bei einem Jagdflugzeug aufgesetzte Haube ermöglicht es, im Fluge das gesamte Leitwerk zu überblicken und läßt sich, mittels einer ausgeklügelten Mimik, am vorderen Rand etwas anheben. Dadurch erhält die Libelle eine der wirksamsten »Kabinenbelüftungen« überhaupt. Das Cockpit ist, gemessen am heutigen Standard, etwas beengt, aber ansonsten sehr bequem. Im Fluge wirkt die Libelle spielerisch wendig und hat, abgesehen von einem

Der Teck zu Füßen: So beliebt wie das Segelflugterrain um die berühmte Burg herum wurde auch die handliche Glasflügel Libelle unter den Piloten.

GLASFLÜGEL 201 B STANDARD-LIBELLE

Spezielle Lösung: Libelle-Pilot Wolfgang Huber demonstriert die komplett abnehmbare Haube. Sie läßt sich am vorderen Ende zudem etwas anstellen, was im Flug eventuellen Beschlag rasch vertreibt.

201 B Standard-Libelle

Hersteller	Glasflügel, Schlattstall
Abmessungen	
Spannweite	15 m
Rumpflänge	6,2 m
Flügelfäche	9,8 m²
Streckung	23,0
Massen	
Leermasse	200 kg
max. Flugmasse	350 kg
Leistungsdaten	
min. Flächenbelastung	29,5 kg/m²
max. Flächenbelastung	35,7 kg/m²
geringstes Sinken (bei 81 km/h)	0,68 m/s
max. Gleitzahl (bei 92 km/h)	34
Flügelprofil	FX 66-17 A II 182
Erstflug	1967

zu kleinen Seitenruder, fein abgestimmte Ruder. Die Bremsklappen dürften etwas wirksamer sein, aber die Landeeigenschaften sind ansonsten unproblematisch. Ihre besondere Stärke liegt im Ausnutzen schwächster und engster Aufwinde, wobei ihr die geringe Leermasse zugute kommt.

Einer der wenigen Wermutstropfen ist im Aufbau des Tragflügels begründet. Durch den zwar leichten, aber ausgesprochen komplizierten Aufbau des Wurzelbereiches mit seinen vielen Umschlaufungen zwischen Querkraftbeschlägen, Wurzelrippe und Holmstummel ist der Reparaturaufwand bei manchen Brüchen einfach zu groß. Dies bedeutete für so manche Standard-Libelle das vorzeitige Aus. Schade, denn sie ist zweifellos eines der schönsten Segelflugzeuge! UKP

Hat Schule gemacht: An dieser Art der Flügelverbindung orientierten sich später viele andere Hersteller.

Glasflügel 604

SELTENES, ALTES »LANGOHR«

SELTENES, ALTES »LANGOHR«

Die 604 ist selbst heute, fast 30 Jahre nach ihrer Entstehung, immer noch eines der imposantesten Segelflugzeuge, die je geschaffen wurden. Leider existieren nur noch sehr wenige Exemplare.

Die 604 wurde 1970, in nur vier Monaten Bauzeit, speziell für Walter Neubert aus der Kestrel 401 entwickelt, der damit an der WM in Marfa Platz sechs belegte. Optisch und fliegerisch eines der gelungensten Flugzeuge aus seiner Generation, ist die 604 heute ein äußerst seltenes Offene Klasse-»Langohr« der siebziger Jahre. Von den insgesamt nur zehn gebauten Flugzeugen fliegen lediglich drei noch in Deutschland, fünf befinden sich in den USA.

Dem Flügel liegt der Kestrel-Flügel zugrunde, der als Außenflügel an ein neu gebautes Mittelstück angesetzt wurde. Der Mittelflügel ist, wie bei anderen Flugzeugen mit dieser Teilung, ein äußerst schweres und unhandliches Bauteil und erfordert einen hohen, körperlichen Einsatz der Helfer beim Aufrüsten. Aus diesem Grund wurde ein speziell modifizierter Transportanhänger für dieses Flugzeug angeboten, welcher eine Art Hebekran besaß, um diesem Problem zu begegnen.

Auch beim Rumpf wurde auf die bewährte und erfolgreiche 401 Kestrel zurückgegriffen, wobei der Rumpf um einen knappen Meter verlängert und mit einem anderen Leitwerk ausgestattet wurde.

So unhandlich sich die 604 am Boden präsentiert, so agil und gutmütig überzeugt sie, sobald sie sich in der Luft befindet. Die Ruderabstimmung und die Wendigkeit sind für ein Flugzeug dieser Größe und dieses Gewichtes wirklich beeindruckend. Überraschend ist auch, wie langsam sie sich kurbeln läßt. Man hat oft den Eindruck in einem deutlich kleineren und leichteren Flugzeug zu sitzen. Gewöhnungsbedürftig ist lediglich das etwas unübersichtliche Cockpit. Die diversen Bedienhebel und Anzeigen für

On Top: Über den Wolken kommt die volle Schönheit der Glasflügel 604 voll zur Geltung. Für viele Segelflieger ist sie eine der schönsten Superorchideen überhaupt.

Wölbklappen, Landeklappen, Bremsklappen, Bremsschirm usw. gestalten den Start- und Landecheck recht aufwendig und bergen bei ungeübten Piloten durchaus die Gefahr der Fehlbedienung.

Fraglos ist die 604 aber eines der schönsten und interessantesten Segelflugzeuge, die je gebaut wurden. Sie hat ihren Platz in diesem Buch daher auf jeden Fall verdient. UKP

GLASFLÜGEL 604

Durchdachte Lösung: Durch den mit der Haube nach oben wegzuklappenden Instrumentenpilz wird der Ein- und Ausstieg erheblich erleichtert.

Glasflügel 604

Hersteller	Glasflügel, Schlattstall
Abmessungen	
Spannweite	22 m
Rumpflänge	7,56 m
Flügelfäche	16,23 m²
Streckung	29,8
Massen	
Leermasse	461 kg
max. Flugmasse	650 kg
Leistungsdaten	
min. Flächenbelastung	33,9 kg/m²
max. Flächenbelastung	40,0 kg/m²
geringstes Sinken (bei 72 km/h)	0,5 m/s
max. Gleitzahl (bei 98 km/h)	49
Flügelprofil	FX 67-K-170/17
Erstflug	1970

Dreigeteilter Flügel: Der Tragflügel der 604 besteht aus einem rund 160 Kilogramm schweren Mittelstück sowie angesteckten Außenflügeln. Zum Aufrüsten bedarf es einiger hilfreicher Hände.

Glasflügel Kestrel
IHRER ZEIT VORAUS

IHRER ZEIT VORAUS

Mit ihren 17 Metern Spannweite war die Kestrel der Firma Glasflügel nicht nur ein Vorläufer der heute beliebten 18 Meter-Klasse, sondern vor allem auch eine Maschine mit sehr ausgewogenen Flugeigenschaften.

In einer Zeit, in der der Offenen Klasse, vor allem wegen der neu aufgekommenen 15 Meter-FAI-Klasse, wenig Bedeutung beigemessen wurde, brachte Glasflügel die von Dieter Althaus und Josef Prasser konstruierte Kestrel. Unter Verwendung des berühmten Wortmann-Profils FX 67-K-170 entstand damit ein 17 Meter-Flugzeug. Die Kestrel hat die Offene Klasse lange Zeit beherrscht und war mit 129 gefertigten Exemplaren bis 1975 das meistgebaute Flugzeug seiner Art. Vom heutigen Standpunkt aus betrachtet, war sie ein Vorläufer der heutigen 18 Meter-Klasse. Richtungsweisend war das erstmals bei Glasflügel verwendete und heute allgemein übliche T-Leitwerk. Ein sehr geräumiges Cockpit, die berühmte und sehr leicht zu bedienende Fingertrimmung am Knüppel, die weit nach hinten gezogene Haube und die starke Einschnürung des Rumpfes hinter dem Flügel sind sehr markante Kennzeichen dieser Maschine. Als zusätzliche Landehilfe hat die Kestrel einen Bremsfallschirm bekommen, der aber wegen der gut wirkenden Schempp-Hirth-Bremsklappen auf der Oberseite fast nicht zum Einsatz kommen muß. Mit ihren 260 Kilogramm lag sie zudem auch gewichtsmäßig noch im Rahmen. Fast 130 gebaute Exemplare setzten Zeichen für die Beliebtheit dieses Flugzeugs. Diese führte sich im Lizenzbau der englischen Firma Slingsby (eher bekannt durch so markante Flugzeuge wie die T21b) als T59D mit 19 Metern Spannweite und später sogar mit 22 Metern fort. Fliegerisch ist die Kestrel ein sehr handliches Flugzeug der »alten« Offenen Klasse. Walter Neubert wurde ein Jahr nach dem Erstflug 1969 mit diesem Flugzeug Deutscher Meister. Und 1971 holte sich auch der Europameister den Titel in der Offenen Klasse mit einer Kestrel. SB

Zeitlose Eleganz: Auch heute, mehr als 30 Jahre nach ihrem Erstflug, hat die Kestrel nichts von ihrer Flug-Faszination verloren.

Schon modifiziert: Ursprünglich reichte die Kabinenhaube der Kestrel bis zur Holmlinie des Flügels, doch aus aerodynamischen Gründen wurde diese bald durch ein abnehmbares GFK-Teil in Verbindung mit einer kürzeren Kabinenhaube ersetzt.

Wie üblich: Wie viele Segelflugzeuge verfügt auch die Kestrel über einstöckige Bremsklappen. Zudem besitzt sie als Landehilfe einen Bremsfallschirm im Rumpfende.

Kestrel

Hersteller	Glasflügel, Schlattstall
Abmessungen	
Spannweite	17 m
Rumpflänge	6,72 m
Flügelfäche	11,58 m²
Streckung	25
Massen	
Leermasse	260 kg
max. Flugmasse	400 kg
Leistungsdaten	
min. Flächenbelastung	29,4 kg/m²
max. Flächenbelastung	34,5 kg/m²
geringstes Sinken (bei 87 km/h)	0,63 m/s
max. Gleitzahl (bei 102 km/h)	41
Flügelprofil	FX 67-K-170/ FX67-K-150
Erstflug	1968

Glasflügel 304

BELIEBTER DAUERBRENNER

BELIEBTER DAUERBRENNER

Auch heute, fast 20 Jahre nach ihrem Erstflug, hat die Glasflügel 304 nichts von ihrer Faszination verloren. Ausgezeichnete Flugeigenschaften und -leistungen stempelten sie seinerzeit zu einem Rennklasse-Highlight.

Selbst ohne das Zutun des 1975 abgestürzten Firmenchefs und genialen Flugzeug-Konstrukteurs Eugen Hänle wurde das letzte von Glasflügel gebaute Serienflugzeug, die 304, eine extrem beliebte Maschine. Bereits vier Jahre nach dem Erstflug der 303 »Mosquito« kam die 304 auf den Markt, entwickelt schon in Zusammenarbeit mit Schempp-Hirth. Ein Zeichen für die Beliebtheit dieses Flugzeugs ist die Tatsache, daß gebrauchte 304 heute noch sehr gesucht sind und bereits Liebhaberstatus genießen.

Auch bei der 304 wurden wieder richtungsweisende Entwicklungen eingebracht. Der mit der Haube nach vorn schwenkende Instrumentenpilz, die mit dem kleinen Finger am Steuerknüppel verstellbare Trimmung, die Parallelogrammsteuerung und automatische Ruderanschlüsse waren neben einem bequemen Cockpit entscheidende Sicherheits- und Komfortmerkmale. Die sehr harmonischen Flugeigenschaften und die gute Ruderabstimmung in Verbindung mit geringen Steuerkräften sorgten ebenfalls für die große Akzeptanz dieses Flugzeugs unter den Piloten. Als Option für den Doppeltrapez-Flügel bot Glasflügel Ansteckohren für 17 Meter Spannweite. Seit einiger Zeit wird die 304 in Tschechien wieder neu aufgelegt. Da Glasflügel nur etwas mehr als 60 Stück gebaut hat, finden sich sicherlich Käufer für dieses schön zu fliegende Flugzeug. Man erhält eine Rennklasse-Maschine mit zwar nicht mehr wettbewerbsfähigen Flugleistungen, aber dies wiederum zu einem Preis, der unter dem eines aktuellen Standard-Klasse-Segelflugzeugs liegt. Vier Gleitzahlpunkte mehr dürfen es heute in der Rennklasse jedoch schon sein. SB

Noch immer aktuell: Gebrauchte 304 sind selten und teuer, denn nach wie vor genießen sie – wie die meisten Glasflügel-Maschinen – einen ausgezeichneten Ruf hinsichtlich Verarbeitung, Flugleistungen und Optik.

Klassisches Motiv: Mit der Glasflügel 304 von Gerhard Renz vor der Teck. »Golf-Hotel« flog viele Jahre vorher auch in der von Peter F. Selinger fotografierten Aufmacher-Formation. Die Bilder gingen damals um die Welt.

Von Natur aus wirksam: Anstelle von senkrecht nach oben herausfahrenden Schempp-Hirth-Bremsklappen ist die 304 mit wirksamen Drehbremsklappen an der Flügelhinterkante ausgestattet.

Glasflügel 304

Hersteller — Glasflügel, Schlattstall

Abmessungen
Spannweite	15 m
Rumpflänge	6,45 m
Flügelfäche	9,88 m²
Streckung	22,8

Massen
Leermasse	240 kg
max. Flugmasse	450 kg

Leistungsdaten
min. Flächenbelastung	33,9 kg/m²
max. Flächenbelastung	45,6 kg/m²
geringstes Sinken (bei 77 km/h)	0,57 m/s
max. Gleitzahl (bei 96 km/h)	43
Flügelprofil	HQ 10-1642

Erstflug — 1981

Grob G 102 Astir CS
DAS SCHÖNSTE FLUGZEUG?

DAS SCHÖNSTE FLUGZEUG?

Von vielen Segelfliegern eher spöttisch betrachtet, ist der Astir dennoch ein gelungenes und verbreitetes Allroundflugzeug. Für viele Vereine bedeutete er einst den Einstieg ins Kunststoffzeitalter.

Hier wird sich mancher Segelflieger fragen, wie sich dieses Flugzeug wohl in vorliegendes Buch verirrt haben könnte. Immerhin gibt es das bekannte, nicht sehr schmeichelhafte »Astirlied«, zur Melodie von »Marmor, Stein und Eisen bricht...«, jedoch abgeändert in: »Marmor, Stein und Eisen fliegt, aber unser Astir nicht...«. Der Astir besticht weder durch optische Eleganz noch durch besonders leichtgängige Ruder. Vieles an ihm wirkt teilweise grobschlächtig und massiv. Zudem gaben die »Stiers« oft Anlaß zu LTAs (Luftfahrttechnische Anweisungen), besonders bezüglich der diversen Aluminium-Gußteile. So ziemlich jeder Verein, der einen Astir CS betreibt, hat eine Sammlung von spröde gebrochenen Hauptspanten an der Werkstattwand hängen. Warum ihn also unter »Die schönsten Segelflugzeuge« einordnen?

Der 1974 von Professor Richard Eppler mit entwickelte und von Grob Flugzeugbau in Mindelheim in Serie gebaute Einsitzer war für viele Vereine das erste erschwingliche Kunststoff-Segelflugzeug und wurde somit zum Verkaufsschlager. Die gutmütigen Flugeigenschaften und ansprechenden Flugleistungen machten ihn zum idealen Vereinsflugzeug und so läutete er das Kunststoffzeitalter für »jedermann« ein. Speziell für Schulungszwecke wurden die Club- und Jeans-Astir-Typen entwickelt, die ein robusteres, festes Fahrwerk besaßen. Insgesamt wurden ca.

In klassischem Outfit: Mit roter Schnauze und kariertem Seitenruder sorgt der Astir CS für einen schmucken Auftritt. In den Vereinen wurde er zu einem sehr beliebten und viel geflogenen Flugzeug.

GROB G 102 ASTIR CS

Hausmannskost: Neben einem gedämpften Höhenruder besitzt der Astir ein ausreichend dimensioniertes Seitenruder.

G 102 Astir CS

Hersteller	Grob, Mindelheim
Abmessungen	
Spannweite	15 m
Rumpflänge	6,47 m
Flügelfäche	12,4 m²
Streckung	18,2
Massen	
Leermasse	252 kg
max. Flugmasse	450 kg
Leistungsdaten	
min. Flächenbelastung	27,6 kg/m²
max. Flächenbelastung	36,6 kg/m²
geringstes Sinken	0,65 m/s
max. Gleitzahl (bei 95 km/h)	38
Flügelprofil	E 603
Erstflug	1974

1200 Stück gebaut, damit gehört der Astir zu den erfolgreichsten und verbreitetsten Segelflugzeugen überhaupt.

Erstellt ist der Astir vollständig in GFK-Bauweise, mit den bereits genannten Struktur- und Steuerungsteilen aus Alu-Druckguß. Der Flügel besitzt ein ursprünglich für Motorflugzeuge entwickeltes Eppler-Profil und hat bereits ausgezeichnet wirkende Schempp-Hirth-Bremsklappen. Der Rumpf wirkt etwas plump und das Cockpit war für viele Piloten beinahe zu ausladend. Die Flugeigenschaften sind als überaus gutmütig und grundsolide zu bezeichnen, die Ruderkräfte sind jedoch recht handfest. Im großen und ganzen muß man dem Astir aber zugestehen, daß er bedeutend besser als sein Ruf ist und für viele Piloten das erste Kunststoff-Flugzeug war, das sie fliegen durften. UKP

Im Stil der frühen Jahre: Groß und mächtig nimmt die Instrumentenkonsole viel Raum im Cockpit ein.

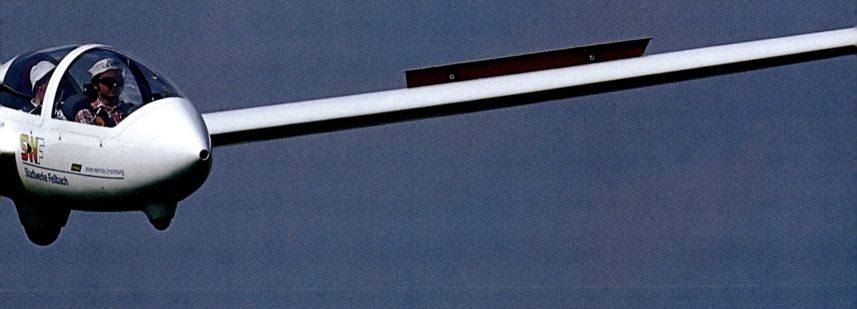

Grob G 103 Twin Astir III Acro

ALLROUNDTALENT

ALLROUNDTALENT

Das doppelsitzige Pendant zum Astir litt ebenfalls unter dem Ruf gewisser Schwerfälligkeit, doch der neue Twin Astir III Acro hat einiges zu bieten und benimmt sich nicht so plump wie oft behauptet.

Wie der einsitzige Astir ist auch der Nachfolger des weit verbreiteten Twin-Astir nicht unbedingt ein Flugzeug, welches beim segelfliegenden Betrachter sofort leuchtende Augen hervorruft. Der ursprüngliche Twin sollte das zweisitzige Pendant für den Schulbetrieb darstellen, und in der Tat spürt man sofort beim Einsteigen die Verwandtschaft dieser Flugzeuge. Alles ist etwas stabiler und größer als in den meisten anderen Flugzeugen. Vielleicht etwas übertrieben robust wirken die Bedienhebel im Cockpit und auch das Platzangebot ist auf beiden Sitzen, wie schon im Astir CS, überaus großzügig. Die Flugeigenschaften ähneln sich ebenfalls stark, wobei die Ruderkräfte beim Doppelsitzer noch etwas höher liegen.

Der neue Twin III Acro weist jedoch auch deutliche Unterschiede zum alten Modell auf. Der Flügel wurde komplett überarbeitet und erhielt einen Dreifachtrapez-Grundriß, ähnlich dem des Discus, mit zurückgepfeilter Vorderkante. Das Fahrwerk wurde, wie bei den früheren Trainerversionen, als festes Dreirad-Fahrwerk mit einem Hauptrad im Leermassenschwerpunkt und einem kleineren Bug- sowie einem Spornrad ausgelegt. Dadurch benötigt man für das Rangieren am Boden keinen Spornkuller. Außerdem hatte sich das komplizierte, quer einfahrende Guß-Fahrwerk des alten Twin als ein recht anfälliges Bauteil herausgestellt. Auch sonst merkt man an vielen Details, daß Grob bei der Auslegung keine Superorchidee im Sinne hatte, sondern ein praxistaugliches, vielseitig einsetzbares Schul- und Übungssegelflugzeug, das im Betrieb möglichst pflegeleicht sein sollte. Zudem ist der Twin III Acro, wie sein Name

Wartungsfreundlich: Die groß angelegten Schaugläser erleichtern die Vorflugkontrolle.

vermuten läßt, für den Kunstflug ausgelegt. Somit läßt sich auch diese Facette des Segelfliegens in der Ausbildung vermitteln.

Durch die für ein Schulflugzeug ausgesprochen guten Flugleistungen ist der »Acro-Twin«, vor allem für viele Vereine, ein gelungenes Allroundflugzeug, welches durch den einsitzigen Astir zur kompletten Schul- und Übungsflotte ergänzt wird. UKP

GROB G 103 TWIN ASTIR III ACRO

Dem Flugschüler bestens bekannt: Der Twin III Acro wird gerne als Schulungs-Doppelsitzer eingesetzt. Kunstflugtauglichkeit rundet seine Allroundqualitäten ab.

G 103 Twin Astir III Acro

Hersteller	Grob, Mindelheim
Abmessungen	
Spannweite	18 m
Rumpflänge	8,18 m
Flügelfäche	17,5 m²
Streckung	18,5
Massen	
Leermasse	370 kg
max. Flugmasse	600 kg
Leistungsdaten	
min. Flächenbelastung	26,3 kg/m²
max. Flächenbelastung	34,3 kg/m²
geringstes Sinken (bei 71 km/h, einsitzig)	0,57 m/s
max. Gleitzahl (bei 97 km/h, doppelsitzig)	38
Flügelprofil	E 603
Erstflug	1985

Großzügig gestaltet: An Raum mangelt es der Besatzung des Twin III Acro nicht. Das Cockpit bietet viel Platz und Übersicht.

Pilatus Flugzeugwerke B 4 PC-11

OFFENBARUNG IN BLECH

OFFENBARUNG IN BLECH

Die B 4 gefällt nicht nur durch ihre aufwendige Metallbauweise, sondern auch durch ihre hervorragende Eignung für den Kunstflug.

Das B im Namen der Pilatus B 4 stammt noch vom Prototypen, der in den Rheintalwerken in St. Goar gebauten Basten B 4, die sich 1966 zum ersten mal in die Luft erhob. Ab 1973 in den Pilatus Flugzeugwerken in der Schweiz in Serie gebaut, ist die B 4 ein beliebtes Allroundflugzeug, welches, ähnlich dem Salto, einen Kompromiß zwischen Leistungssegelflugzeug und Kunstflugsegler darstellt.

Vollkommen ungewöhnlich für ein modernes Segelflugzeug ist die Metallbauweise, die jedoch handwerklich so gut ausgeführt ist, daß man schon genau hinsehen muß, um die sauberen Blechstöße und die präzise gesetzten Senknieten überhaupt erkennen zu können.

Gemessen am heutigen Standard ist die Flügelfläche mit 14 Quadratmetern eher groß. Dadurch sind die Leistungen und Eigenschaften im Langsamflug sehr gut, die Gleitleistungen, besonders im oberen Geschwindigkeitsbereich jedoch eher mäßig. Die B 4 wurde mit zwei unterschiedlichen Fahrwerkskonfigurationen gebaut, es gab sowohl Ausführungen mit festem und mit Einziehfahrwerk. Das Cockpit war bereits damals in Bezug auf Ergonomie und Übersichtlichkeit richtungsweisend. Aufgrund der angenehmen Flugeigenschaften wurde die B 4 sogar in einigen Vereinen als Schulungseinsitzer verwendet.

Leicht-Metall: Die Pilatus B 4 ist vollständig aus Metall gebaut. Als Halbacro-Flugzeug eignet sie sich aber nicht nur für den Kunstflug, sondern durchaus auch für den Strecken-Segelflug.

PILATUS FLUGZEUGWERKE B 4 PC-11

Liebevoll ausgestattet: Wie die gesamte Maschine so ist auch das Cockpit der Pilatus B 4 gediegen gearbeitet. Die fortlaufend schwarze Lackschicht bis zur Rumpfspitze hin verhindert zudem Spiegelungen in der Haube.

Übliche Technik: Auch das Höhenleitwerk des Pilatus B 4 ist gedämpft ausgeführt und wie das ganze Flugzeug sehr sauber verarbeitet.

Das vorliegende Flugzeug gehört Herrn Bernd Brodtbeck aus Böblingen und ist auf dem Fluggelände Eutingen im Gäu stationiert. »Bebbes«, wie er von seinen Fliegerkollegen genannt wird, nutzt sein wunderschönes Exemplar sowohl zum Überland-Fliegen, als auch für den Kunstflug, wobei er ab und zu beides kombiniert. So mancher Segelflieger, der im Gäu unterwegs war, hat sich über eine, auf dem Rücken thermikkreisende B 4 gewundert. Auch auf diversen Flugtagen konnte man »Bebbes« mit seiner B 4 im Kunstflug bereits bewundern.
Die Kunstflugbemalung in Kombination mit der getönten Haube machen diese B 4 zu einem der schönsten Flugzeuge dieses Typs. UKP

B 4 PC-11

Hersteller	Pilatus Flugzeugwerke, Stans/CH
Abmessungen	
Spannweite	15 m
Rumpflänge	6,57 m
Flügelfäche	14,0 m²
Streckung	16,1
Massen	
Leermasse	225 kg
max. Flugmasse	350 kg
Leistungsdaten	
min. Flächenbelastung	22,4 kg/m²
max. Flächenbelastung	25,0 kg/m²
geringstes Sinken (bei 74 km/h)	0,71 m/s
max. Gleitzahl (bei 85 km/h)	31
Flügelprofil	NACA 64-618
Erstflug	1966

Schempp-Hirth Standard-Cirrus

BEGINN EINER ÄRA

BEGINN EINER ÄRA

Der Standard-Cirrus bedeutete für die Kirchheimer Firma Schempp-Hirth den Einstieg in den Serienbau von Segelflugzeugen im großen Stil. Auch heute ist er ein immer noch viel geflogener Typ.

Der Standard Cirrus wurde von Schempp-Hirth ab 1969 als erster, mit größeren Stückzahlen in Serie gebauter Standardklasse-Einsitzer dieser Firma gefertigt. Als Werkstoff wurde ausschließlich GFK verwendet und bereits hier fand das Schempp-Hirth-typische Rumpfgerüst aus verschweißten Stahlrohren Verwendung, welches die Querkraftbeschläge untereinander und mit der Fahrwerksaufhängung verband. Ein charakteristisches Merkmal war auch das als Pendelruder ausgelegte T-Leitwerk, das bei einigen späteren Ausführungen auf ein gedämpftes Leitwerk (Ruder und Flosse getrennt) umgerüstet wurde. Spätere Versionen wie der Cirrus '75 erhielten ein etwas geändertes Cockpit, erkennbar an der spitzeren Rumpfschnauze, wie es auch beim Mini-Nimbus verwendet wurde.

Der Cirrus zeichnet sich durch ausgezeichnete Flugeigenschaften und gute Flugleistungen im niedrigen bis mittleren Geschwindigkeitsbereich aus. In der Clubklasse ist er deshalb immer noch ein oft verwendetes Flugzeug. Lediglich das recht direkte Pendelruder verlangt besonders im Flugzeugschlepp eine ruhige Hand, da sonst die Tendenz zu pilotinduzierten Schwingungen besteht.

Die nach oben ausfahrenden, einstöckigen Schempp-Hirth Bremsklappen sind nach heutigen Maßstäben eindeutig nicht wirksam genug. Ein Umrüstsatz auf doppelstöckige Bremsklappen ist jedoch erhältlich, wodurch eine deutliche Verbesserung der Landeeigenschaften zu erreichen ist. Insgesamt wurde der Standard-Cirrus über 700 mal gebaut, darunter 200 von Grob in Mindelheim unter Lizenz gebaute Muster. UKP

Augenweide: Der Instrumententräger wurde in Eigenregie aufwendig aus Carbon-Aramid-Laminat gefertigt und bietet einen herrlichen Konstrast zur roten Pedalerie.

SCHEMPP-HIRTH STANDARD CIRRUS

Gut in Form: Mit dem Standard-Cirrus stieg Schempp-Hirth Ende der 60er Jahre groß in den Kunststoffbau ein. Das vorliegende Exemplar erstand sein Besitzer als Bruch in Schweden und baute es mit viel Liebe zum Detail wieder auf.

Sensibel: Der Standard-Cirrus besitzt ein Pendelhöhenleitwerk, das von etlichen Piloten wegen seiner Empfindlichkeit moniert wurde.

Standard Cirrus

Hersteller Schempp-Hirth, Kirchheim/Teck

Abmessungen
Spannweite	15 m
Rumpflänge	6,35 m
Flügelfäche	10,04 m²
Streckung	22,4

Massen
Leermasse	315 kg
max. Flugmasse	390 kg

Leistungsdaten
min. Flächenbelastung	30,1 kg/m²
max. Flächenbelastung	38,8 kg/m²
geringstes Sinken	0,63 m/s
max. Gleitzahl (bei 78 km/h)	37
Flügelprofil	FX 66-17 A II 182

Erstflug 1969

Schempp-Hirth Nimbus 3D

NIMM ZWEI

NIMM ZWEI

Ein ganz besonderes Bonbon für Doppelsitzer-Fans brachte Schempp-Hirth 1986 mit dem eigenstartfähigen Nimbus 3D auf den Markt.

Nach den überaus großen Erfolgen des Nimbus 3 von Schempp-Hirth entwickelte Klaus Holighaus auf dieser Basis schließlich den größten Doppelsitzer, den Schempp-Hirth bis dahin gebaut hatte. Der Nimbus 3D flog 1986 das erste Mal und war zu diesem Zeitpunkt zweifellos das Flaggschiff der in Kirchheim/Teck ansässigen Firma. Mit 24,6 Metern Spannweite und 500 Kilogramm Leergewicht sowie der beeindruckenden Gleitzahl von 57 gehört er zweifellos in die Liste der Superorchideen. Noch im ersten Produktionsjahr wurde er bereits mit Motor als Heimweghilfe angeboten, und schon zwei Jahre später, 1988, war er als eigenstartfähiger Motorsegler erhältlich. In dieser Ausführung stellte er dann das ultimative Hochleistungsflugzeug für den Wandersegelflug dar und brillierte mit einer Steigleistung von mehr als 2 m/s – für ein so mächtiges Flugzeug ein respektabler Wert. Der Nimbus 3D wurde 1994 nach fast 100 gebauten Exemplaren vom Nachfolger Nimbus 4D ersetzt. Dieser erhielt den neuen Flügel des Nimbus 4 mit einem modifizierten Profil und noch etwas mehr Spannweite. Das schwergängige Seitenruder und die gewöhnungsbedürftige Ruderabstimmung sorgen beim Doppelsitzer für eine längere Eingewöhnungsphase als bei den kleinen und wendigen Einsitzern. Ansonsten liegt der 3D wie fast alle Flugzeuge der Offenen Klasse gut in der Kurve, wenn der Bart erst einmal zentriert ist. Diese majestätische Art zu fliegen, kann einen Piloten, der an 15 Meter-Flugzeuge gewöhnt ist, schon stark in ihren Bann ziehen, da deutlich größere Distanzen zurückgelegt werden als bei den »Kleinen«. Oftmals kann der Pilot die Orte, die er aus 1000 Metern Höhe dank Gleitzahl 57 erreichen kann nicht einmal sehen – und das ist durchaus ein sehr erhebendes Gefühl. SB

Reisetauglich: Mit dem mächtigen Nimbus 3 DM flog Besitzer Dr. Michael Schneider sogar schon bis nach Süditalien.

SCHEMPP-HIRTH NIMBUS 3D

Komplett ausgestattet: Die übliche Segelflug-Instrumentierung wird durch motorspezifische Anzeigen ergänzt.

Zuverlässiger Partner: Der Zweizylinder-Zweitaktmotor sorgt für ausreichenden Vortrieb, um Flauten zu überbrücken und sogar selbst zu starten.

Nimbus 3 D

Hersteller Schempp-Hirth, Kirchheim/Teck

Abmessungen
Spannweite	24,6 m
Rumpflänge	8,8 m
Flügelfläche	16,85 m²
Streckung	36

Massen
Leermasse	500 kg
max. Flugmasse	750 kg

Leistungsdaten
min. Flächenbelastung	33,5 kg/m²
max. Flächenbelastung	44,5 kg/m²
gerinstes Sinken (bei 90 km/h)	0,45 m/s
max. Gleitzahl (bei 110 km/h)	57
Flügelprofil	FX/Althaus/Holighaus

Erstflug 1986

Schempp-Hirth Duo Discus

NEUE MAßSTÄBE

NEUE MASSTÄBE

Mit dem Duo Discus schuf der Kirchheimer Hersteller Schempp-Hirth ein zweisitziges Leistungs-Segelflugzeug, das die Meßlatte bei den 20 Meter-Doppelsitzern wieder ein gutes Stück höher legte.

Seit der neue Doppelsitzer von Schempp-Hirth fliegt, gibt es wohl kaum ein anderes Flugzeug, das eine Klasse so beherrscht wie der Duo Discus in der Doppelsitzer-Klasse. Seit dem Erstflug 1993 wurden bereits über 200 Flugzeuge ausgeliefert. Die charakteristische Flügelform mit im Innenbereich nach vorne und im Außenbereich nach hinten gepfeilten und mehrfach nach oben abgeknickten Tragflächen, sorgt einerseits für ein sehr typisches Flugbild und verhilft ihm andererseits zu herausragenden Flugeigenschaften und Flugleistungen. Der Rumpf ist vom Janus und vom Nimbus 4D abgeleitet und kann seine Herkunft aus dem Hause Schempp-Hirth anhand seiner Formgebung nicht verleugnen.

Zur Zeit gibt es keine wirkliche Konkurrenz zum »Duo«, und so nehmen bei zentralen Meisterschaften auch kaum mehr andere Maschinen teil. Das sehr aufgeräumte Cockpit ermöglicht langes und entspanntes Fliegen. Durch die geringen Geräusche während des Fliegens wird die Teamarbeit mit dem Copiloten zum Vergnügen. Gute Sichtverhältnisse und geringe Ruderkräfte sind ebenfalls typisch für dieses Flugzeug. Die sehr einfache Montage, von den gewichtigen Flügeln einmal abgesehen, sorgt dafür, daß viele Duo Discus nicht mehr aufgebaut in der Halle stehen, sondern jeweils erst morgens zusammengebaut werden. Das für einen Doppelsitzer sehr kleine und damit bequem von einer Person montierbare, gedämpfte Höhenleitwerk wird in der von Schempp-Hirth bekannten Art mit nur einem Schnappverschluss befestigt.

In Punkto Flugleistungen und harmonischen Flugeigenschaften ist der Duo Discus seit seinem Erscheinen der Maßstab in der Doppelsitzer-Klasse. Viele Vereine und Privatleute haben sich bisher für dieses Flugzeug entschieden, und warscheinlich wird die Zahl der Anhänger noch bedeutend größer, wenn es erst einmal eine motorisierte Version gibt. SB

Raumfahrzeug: Selbst zwei groß gewachsene Piloten finden im Duo Discus bequem Platz. Zudem gibt es noch ausreichend Raum für Gepäck.

SCHEMPP-HIRTH DUO DISCUS

Beliebter Doppelsitzer: Auch in Vereinen fand der Duo Discus rasch viele Freunde. Trotz seiner stattlichen Abmessungen gefällt er mit gutem Handling und ausgezeichneten Flugleistungen.

Wasser marsch: Die beiden Wassertanks in den Tragflächen werden über je eine Öffnung auf der Flügeloberseite befüllt. Sie fassen zusammen 200 Liter.

Duo Discus

Hersteller	Schempp-Hirth, Kirchheim/Teck
Abmessungen	
Spannweite	20 m
Rumpflänge	8,62 m
Flügelfläche	16,4 m²
Streckung	24,4
Massen	
Leermasse	410 kg
max. Flugmasse	700 kg
Leistungsdaten	
min. Flächenbelastung	29,3 kg/m²
max. Flächenbelastung	42,7 kg/m²
gerinstes Sinken (bei 95 km/h)	0,58 m/s
max. Gleitzahl (bei 85 km/h)	45
Flügelprofil	HQ-31-alpha/XX
Erstflug	1993

Schempp-Hirth Ventus 2cT

SCHNELL WIE DER WIND

SCHNELL WIE DER WIND

Schempp-Hirths neues 18 Meter-Flugzeug ist kein neuerlicher Aufguß eines alten Konzeptes, sondern eine reinrassige Neuentwicklung mit gutmütigen Flugeigenschaften.

Mit dem Ventus 2c (*Ventus:* lat.»der Wind«) stellte Schempp-Hirth 1995 den Nachfolger des alten Ventus c für die 18 Meter-Klasse vor. Das Flugzeug stellt eine komplette Neuentwicklung dar, bei der sowohl Rumpf als auch Flügel vollkommen neu erstellt wurden. Anders als bei den 18 Meter-Flugzeugen der vorigen Generation, die durch Ansteckflächen »aufgebohrte« Rennklasseflugzeuge darstellten, ist der Ventus 2c ein reines 18 Meter-Flugzeug. Mit dem ebenfalls sehr gelungenen Ventus 2a als 15 Meter-Flugzeug mit kleinerem Rumpf wird die Produktpalette in der Rennklasse ergänzt. Den Trend zu reinrassigen Flugzeugen für die jeweilige Klasse zeigte bereits auch Schleicher mit ASH 26 und ASW 27. Hierbei werden Kompromisse in Bezug auf Leitwerksvolumina und Rudergrößen vermieden, die bei Flugzeugen mit »Ansteckohren« unvermeidlich sind.

Der vierteilige, in CFK-Bauweise erstellte Flügel des Ventus 2c ist beim Auf- und Abrüsten äußerst handlich und besitzt die, mittlerweile bei Schempp-Hirth übliche, mehrfache V-Stellung sowie eine zurückgepfeilte Vorderkante. Die Flügelsteuerung ist, wie beim alten Ventus c, wieder als Flaperon ausgeführt, und der Rumpf beziehungsweise das Cockpit ist, wie das des Discus 2, äußerst geräumig und bequem. Schempp-Hirth hat offensichtlich die Kritik der Kunden an den früheren Cockpits ernst genommen.

In der Luft ist der Ventus ein äußerst gutmütiges und wendiges 18 Meter-Flugzeug, wobei der kleinere und leichtere »2a« natürlich noch deutlich agiler ist. Auffällig ist, wie bereits beim Discus 2 und beim Ventus 2a, das äußerst stabile Kreisflugverhalten. Gegenquerruder zum Stützen ist kaum notwendig. Start- und Landeeigenschaften sind, im Vergleich zum alten Ventus c um einiges unproblematischer. In der Turbo-Version mit Heimweghilfe ist der neue »2cT« sicherlich ein interessantes Flugzeug für Piloten, die entspannt Überland-Strecken fliegen wollen. UKP

Erfolgsstory: Zahlreiche Wettbewerbssiege verschafften der Ventus 2-Baureihe einen hervorragenden Ruf. Der Ventus 2 cT verbindet hervorragende Flugleistungen mit dem Komfort einer Heimweghilfe.

Charakteristischer Flügel: Der geknickte Flügel mit hochgezogenem Außenteil verhilft dem Ventus 2 cT zu besonders ausgewogenem Verhalten beim Kreisen.

Ventus 2cT

Hersteller Schempp-Hirth, Kirchheim/Teck

Abmessungen
Spannweite	18,0 m
Rumpflänge	6,78 m
Flügelfläche	11,0 m²
Streckung	29,5

Massen
Leermasse	264 kg
max. Flugmasse	525 kg

Leistungsdaten
min. Flächenbelastung	30,8 kg/m²
max. Flächenbelastung	45,5 kg/m²
geringstes Sinken	keine Angaben
max. Gleitzahl	keine Angaben
Flügelprofil	keine Angaben

Erstflug 1995

Neu gestaltet: Der Ventus 2 cT erhielt ein vollkommen neu entworfenes Cockpit.

Schempp-Hirth Discus 2b
SCHWERES ERBE

SCHWERES ERBE

Der jüngste Sproß aus dem Hause Schempp-Hirth sieht nur auf den ersten Blick wie sein Vorgänger aus, denn er ist fast vollkommen neu konstruiert. Den Verkaufserfolg des alten Discus würde der Hersteller aber bestimmt gerne wiederholen.

An den Erfolg des alten Discus anzuknüpfen ist zugegebenermaßen ein recht hochgestecktes Ziel für eine Neukonstruktion. Das Zeug hierfür hat der 2er-Discus nach Ansicht vieler Fachleute aber auf jeden Fall.

Bis auf die charakteristische, mehrfach zurückgepfeilte Flügelvorderkante hat der Discus 2 allerdings recht wenig mit dem Vorgänger gemeinsam. Sowohl Flügel als auch Rumpf sind vollständig neu konstruiert. Der Tragflügel besitzt nun auch die mehrfach nach außen hin abgestufte V-Stellung, die bereits beim Ventus 2 verwendet wurde. Diese »Knickohren« verbessern die Querstabilität und die Kreisflugeigenschaften merklich. Ihr einziger Nachteil besteht in der Tatsache, daß die äußeren Flügelabschnitte sehr flach am Boden liegen und somit eher durch Steine beschädigt werden können.

Der neue Rumpf besitzt ein äußerst geräumiges Cockpit, das nun auch eine ergonomisch günstige Sitzposition bietet. Das Auf- und Abrüsten geht, durch die geringen Massen der Einzelteile, recht flott und einfach vonstatten.

Auch in der Luft zeigt sich der Discus 2 äußerst handlich. Er ist spielerisch wendig und besitzt eine ausgezeichnete Ruderabstimmung. Im Kreisflug muß erstaunlich wenig mit dem Querruder gestützt werden. Trotz seiner Wendigkeit ist eine ausgeprägte Eigenstabilität in allen Flugzuständen spürbar, was ein ermüdungsfreies Fliegen über viele Stunden ermöglicht. Harmlose Überzieheigenschaften und problemlose Start- und Landeeigenschaften komplettieren den guten Eindruck, den dieses Flugzeug beim Piloten hinterläßt.

Alles in allem ein sehr gelungenes Flugzeug und ein würdiger Nachfolger für den in 840 Exemplaren gebauten Discus. Erste Wettbewerbserfolge lassen zudem auf ein hohes Leistungspotential schließen. Bleibt abzuwarten, ob die Verkaufserfolge den Erwartungen gerecht werden. UKP

Verbessert: Wie der neue Ventus 2 erhielt auch der Discus 2 einen weiterentwickelten Rumpf.

SCHEMPP-HIRTH DISCUS 2B

Wird Maßstäbe setzen: Sein dreifach geknickter Flügel macht ihn unverwechselbar, und mit seinen Flugleistungen wird der Discus 2b sicherlich ein erfolgreiches Wettbewerbsflugzeug werden.

Hochwertig: Neben guter Ergonomie konnte Schempp-Hirth beim Discus 2b zudem das Qualitätsniveau der Innenausstattung nochmals steigern.

Discus 2b

Hersteller	Schempp-Hirth, Kirchheim/Teck
Abmessungen	
Spannweite	15,0 m
Rumpflänge	6,81 m
Flügelfläche	10,16 m^2
Streckung	22,2
Massen	
Leermasse	240 kg
max. Flugmasse	525 kg
Leistungsdaten	
min. Flächenbelastung	30,5 kg/m^2
max. Flächenbelastung	51,7 kg/m^2
geringstes Sinken	keine Angaben
max. Gleitzahl	keine Angaben
Flügelprofil	keine Angaben
Erstflug	1998

Schleicher Ka 6 CR

KLASSIKER IN HOLZBAUWEISE

KLASSIKER IN HOLZBAUWEISE

Die Ka 6 war lange Zeit das beste Flugzeug in der Standardklasse. Aus heutiger Sicht markiert sie das Ende der Holzbauweise und den Übergang ins Kunststoffzeitalter.

Der 1955 von Rudolf Kaiser konstruierte Holz-Einsitzer ist mit Sicherheit für viele Segelflieger *das* klassische Segelflugzeug schlechthin. Sie markierte zugleich den Höhepunkt und das Ende des Holz-Segelflugzeugbaus in Deutschland und gehört zu den am weitesten verbreiteten Segelflugzeugen der Welt. Es ist also selbstverständlich, daß sie in diesem Buch auftaucht.
Die Ka 6 war bereits mit einem frühen Laminarprofil ausgestattet, wurde jedoch ansonsten klassisch in Rippen- und Spantenbauweise mit Sperrholzbeplankung erstellt. Lediglich bei den späteren E-Typen wurde in bestimmten Bereichen bereits GFK eingesetzt. Diverse Varianten der Ka 6 wurden über die Jahre gebaut, unter anderem die -PE-Typen mit

Vergangene Zeiten: Als typisches Merkmal dieser Generation gelten die Flettner-Trimmung sowie die Steck-Haube.

Maßanzug: »Eine Ka 6 besteigt man nicht, sondern zieht sie sich an«, lautet ein Spruch, und in der Tat geht es im Cockpit dieser Legende recht beengt zu.

Pendelleitwerk. Das »R« bei den -BR und -CR-Typen steht für »Rad«, da die ersten Modelle lediglich eine Kufe besaßen und zum Start mit einem Abwerffahrwerk ausgestattet wurden.
Auch bei den Haubenausführungen gab es eine Evolution: die frühen Modelle besaßen die klassische, kleine Haube mit einem breiten Holzrahmen, die aber nur ein eingeschränktes Sichtfeld bot. Später wurden viele Flugzeuge umgerüstet auf die sogenannte »Schweizer Haube«, die bis auf den eigentlichen Cockpitrahmen heruntergezogen war, und so die Sichtverhältnisse, vor allem für kleine Piloten, deutlich verbesserte.
Das Cockpit selbst ist eher spartanisch und für breitschultrige Piloten über 1,80 Meter eine ziemlich enge Angelegenheit. Hat man sich dennoch »das Flugzeug angezogen«, so überzeugt die Ka 6 durch perfekt ausgewogene Flugeigenschaften und immer noch respektable Flugleistungen. Die Ruderab-

Höchste Stufe: Die Ka 6 verkörpert die Kunst, ein Leistungssegelflugzeug aus Holz zu bauen auf höchstem Niveau und gilt mit wenigen verwendeten GFK-Teilen sozusagen als die Schnittstelle von Holz- und Kunststoffzeitalter.

stimmung ist ausgezeichnet und so mancher »Kunststoff-Pilot« konnte schon einmal beobachten, wie eine Ka 6 in der Thermik einfach in seinem Kreis an ihm vorbei gestiegen ist.
Für diejenigen, die sie geflogen sind, ist es kaum verwunderlich, daß die Ka 6 einst den OSTIV-Preis für das beste Standardklasse-Segelflugzeug erhielt. UKP

Ka 6 CR

Hersteller	Schleicher, Poppenhausen
Abmessungen	
Spannweite	15 m
Rumpflänge	6,68 m
Flügelfläche	12,4 m^2
Streckung	18,1
Massen	
Leermasse	185 kg
max. Flugmasse	300 kg
Leistungsdaten	
min. Flächenbelastung	25 kg/m^2
max. Flächenbelastung	keine Angaben
geringstes Sinken	0,65 m/s
max. Gleitzahl (bei 72 km/h)	30
Flügelprofil	NACA 63$_3$018
Erstflug	1958

Schleicher ASW 15

GENERATIONS-WECHSEL

GENERATIONSWECHSEL

»Still going strong«. Trotz ihres hohen Alters ist die ASW 15 immer noch weit verbreitet. Aufgrund ihres markanten Leitwerkes weiß man sofort, mit wem man es zu tun hat.

Für Schleicher stellte die 1968 eingeführte ASW 15 das erste, in Kunststoff und Serie gefertigte Standardklasse-Segelflugzeug dar. Bis zu diesem Zeitpunkt war die Ka 6 das Muster für diese Klasse, aber das Ende der Holzbauweise war absehbar. Die ASW 15 wurde auch sofort zum Verkaufsschlager, mit über 450 gebauten Exemplaren. 1977 wurde die ASW 15 B, eine verbesserte Version, vorgestellt. Diese besaß nun auch Wassertanks, einen verstärkten Flügel und ein etwas höheres Fahrwerk. Das Seitenleitwerk wurde ebenfalls vergrößert. In den früheren Modellen wurde noch, ähnlich wie bei einigen anderen Kunststoffflugzeugen aus dieser Generation, Balsaholz als Beulstütze in der Flügelschale eingesetzt. Dies führte zum Teil zu Fäulnisproblemen wenn die Wassertanks undicht wurden. Am Rumpf wurden in manchen Bereichen erstmals Kunststoff-Honeycombs, also Wabenkerne, eingesetzt. Diese setzten sich jedoch nicht durch, da sich ihre Struktur an der Oberfläche stark abzeichnete.

Charakteristisch an der ASW 15 sind außerdem das Pendel-Kreuzleitwerk und die nach oben und unten ausfahrenden Schempp-Hirth-Bremsklappen. Auch die Anordnung des Tragflügels als Schulterdecker wirkt heutzutage ungewöhnlich.
Die Flugeigenschaften gelten allgemein als unproblematisch, wobei das Pendelleitwerk doch feinfühlig bedient werden will. Nach heutigen Maßstäben inakzeptabel ist allerdings der degressive Handkraftverlauf im Querruder, das heißt, die Knüppelkraft nimmt mit zunehmendem Ausschlag nicht zu sondern ab. Diese fehlende Rückmeldung stellt für die meisten, geübten Piloten jedoch kein Problem dar, ist aber auf jeden Fall ungewöhnlich und erschwert das »freihändige« Fliegen.
Leistungsmäßig muß sich die ASW 15 nicht hinter den anderen Flugzeugen ihrer Generation, wie zum Beispiel der LS 1, verstecken und ist bei Clubklassewettbewerben immer noch ein äußerst weit verbreiteter Typ. UKP

Hält länger als jeder Dauerlutscher: Die zeitlose Eleganz der ASW 15 spiegelt sich auch im Cockpit wider.

SCHLEICHER ASW 15

Echte Rarität: Von der als Motorsegler zugelassenen ASW 15 M wurden nur zwei Exemplare gebaut.

Bekannter Klassiker: Mit der ASW 15 schuf Schleicher ein in den 70er Jahren sehr beliebtes Flugzeug der Standard-Klasse.

ASW 15

Hersteller	Schleicher, Poppenhausen
Abmessungen	
Spannweite	15 m
Rumpflänge	6,48 m
Flügelfläche	11,0 m^2
Streckung	20,5
Massen	
Leermasse	334 kg
max. Flugmasse	408 kg
Leistungsdaten	
min. Flächenbelastung	29,5 kg/m^2
max. Flächenbelastung	37,1 kg/m^2
geringstes Sinken (bei 77 km/h)	0,63 m/s
max. Gleitzahl (bei 89 km/h)	36,5
Flügelprofil	FX 61-163 bzw. 60-126
Erstflug	1968

Schleicher ASW 20

DIE ALTE GARDE

DIE ALTE GARDE

Für viele Piloten immer noch das Traumflugzeug in der Rennklasse, gehört die ASW 20 noch längst nicht zum alten Eisen.

Die ASW 20 ist nach wie vor eines der beliebtesten und am weitesten verbreiteten Rennklasse-Segelflugzeuge der »alten« Generation. 1977 eingeführt, verwendete sie den eleganten Rumpf der ASW 19 und einen vollkommen neuen Wölbklappenflügel. Bei diesem fanden noch keine Kohlefasern Verwendung (außer bei späteren Versionen), so daß die ASW 20 immer an ihrer charakteristischen Flügeldurchbiegung erkennbar war. Ansonsten hatte sie bereits alle Schleicher-typischen Merkmale: die nach vorn öffnende Haube, Schempp-Hirth-Bremsklappen, sauber ausgeführte Flügel- und Leitwerksübergänge und die extreme Landestellung der Wölbklappen. Hierbei wurden die inneren Klappen stark nach unten ausgeschlagen (über 70 Grad) und die äußeren Querruder wieder entwölbt, das heißt nach oben ausgeschlagen. Diese starke, aerodynamische Schränkung ermöglichte steilste Landeanflüge und kürzeste Landestrecken. Sie setzte aber auch eine gewisse Pilotenerfahrung voraus, um den Abfangbogen zum richtigen Zeitpunkt zu treffen. Daher wurden

Aus der frühen Schaffensperiode: Bei den ersten ASW 20 verbaute Schleicher noch einen Schleifsporn. Später wurde dieser durch ein Spornrad ersetzt.

Für steilste Anflüge: Mit der maximalen Wölbklappenstellung von über 70 Grad eignet sich die ASW 20 hervorragend für steile Landeanflüge und kürzeste Landestrecken.

spätere Modelle diesbezüglich »entschärft«, das heißt, daß der maximale Ausschlag der Wölbklappen etwas verringert wurde.

Ansonsten sind die Flugeigenschaften der ASW 20 als ausgesprochen angenehm und ausgewogen zu bezeichnen. Sie kurbelt »wie auf Schienen« und die Flugleistungen lassen sie noch längst nicht zum alten Eisen gehören, wenn man nicht gerade Ambitionen auf den WM-Titel hat. Mit den ASW 20 CL-Modellen bot sich auch hier die Möglichkeit, auf 17 Meter Spannweite »aufzubohren«.

Viele der alten Hasen schwören auch heute noch auf »ihre '20«. Einige Modelle wurden sogar mit Winglets ausgerüstet, die die Flugeigenschaften und die Langsamflugleistungen etwas verbesserten. Kurzum, die ASW 20 ist ein Dauerbrenner. UKP

ASW 20

Hersteller	Schleicher, Poppenhausen
Abmessungen	
Spannweite	15 m
Rumpflänge	6,82 m
Flügelfläche	10,5 m²
Streckung	21,4
Massen	
Leermasse	245 kg
max. Flugmasse	454 kg
Leistungsdaten	
min. Flächenbelastung	31,9 kg/m²
max. Flächenbelastung	43,3 kg/m²
geringstes Sinken	0,62 m/s
max. Gleitzahl (bei 84 km/h)	41,5
Flügelprofil	FX 62-K-131 (14,4%)
Erstflug	1977

Mit »weichem« Flügel: Beim Bau des Rennklasse-Flugzeugs ASW 20 wurde noch keine Kohlefaser verwendet. Daraus resultierte im Flug eine charakteristische Flügeldurchbiegung.

Schleicher ASH 25
DER DURCHBRUCH

DER DURCHBRUCH

Die Eleganz dieses »Offene Klasse«-Doppelsitzers ist immer noch unerreicht – genauso wie seine fantastischen Leistungen.

Die ASH 25 stellte sozusagen Martin Heides »Meisterstück« dar, als er nach Abschluß seines Studiums von der Akaflieg Stuttgart zur Firma Schleicher wechselte. Mit dem Rumpf der fs 31 hatte die Akaflieg Stuttgart einen ausgezeichneten Doppelsitzerrumpf geschaffen und Schleicher verwirklichte seinen Traum vom »Offene Klasse«-Doppelsitzer mit der AS 22-2, dem Prototypen der ASH 25. Die Form des fs 31-Rumpfes wurde durch Aufspachteln des Einschnürungsbereiches leicht modifiziert, außerdem erhielt der Rumpf nun eine geteilte Haube. Da die waagerecht geteilte Rumpfform der Akaflieger keine Leitwerksform enthielt, wurde ein neues Leitwerk entworfen, welches auf den neuen Flügel abgestimmt war. Der Flügel der AS 22-2 wurde in seiner Geometrie von der ASW 22 übernommen, erhielt jedoch eine geänderte Belegung. Die AS 22-2 erreichte dadurch zunächst eine Spannweite von 24 Metern. In der Serie wurde diese auf 25 Meter erweitert, und der Außenflügel erhielt eine höhere Zuspitzung, sowie ein neues Profil.

Die ASH 25 entwickelte sich, trotz des hohen Preises, schnell zum absoluten Verkaufsschlager, und ein Ende ist noch nicht abzusehen. Die ASH 25 verbindet die Leistung der Offenen Klasse mit erstaunlich angenehmen Flugeigenschaften und der Möglichkeit, Weltrekordflüge doppelsitzig durchzuführen. Diese Option nutzt unter anderem Hans-Werner Grosse häufig aus. Auch sonst hat die ASH 25 einiges an sportlichen Erfolgen vorzuweisen.

Im Flug wirkt die ASH 25 für ein Flugzeug dieser Größenklasse erstaunlich handlich und die Ruderkräfte sind geringer als bei so manchem Schuldop-

Die Superorchidee schlechthin? Für viele Segelflieger stellt die majestätische ASH 25 mit ihren 25 Metern Spannweite das Nonplusultra dar.

SCHLEICHER ASH 25

Durchdacht konzipiert: Die an der Kabinenhaube montierte Instrumentenkonsole schafft Raum für bequemes Ein- und Aussteigen.

ASH 25

Hersteller	Schleicher, Poppenhausen
Abmessungen	
Spannweite	25,0 m
Rumpflänge	9,0 m
Flügelfläche	16,3 m²
Streckung	38,3
Massen	
Leermasse	470 kg
max. Flugmasse	750 kg
Leistungsdaten	
min. Flächenbelastung	33,0 kg/m²
max. Flächenbelastung	46,0 kg/m²
geringstes Sinken (bei 80 km/h)	0,45 m/s
max. Gleitzahl (bei 108 km/h)	57
Flügelprofil	HQ 17 und DU 84-132
Erstflug	1985

pelsitzer. Wer vom Cockpit aus die streckungsbedingte Flügeldurchbiegung beobachtet, wundert sich, daß die Flügelsteuerung trotzdem noch verhältnismäßig leichtgängig funktioniert. Die Landeeigenschaften sind infolge der Schleichertypischen Landestellung der Wölbklappen problemlos, und das hohe Fahrwerk erleichtert Außenlandungen erheblich. Für viele Segelflieger ist die ASH 25 das ästhetischste Segelflugzeug überhaupt und durfte schon deshalb in diesem Buch keinesfalls fehlen. UKP

Aufwendig gelöst: Die Kabinenhaube des Doppelsitzers ist geteilt konstruiert und kann – je nach Bedarf – separat geöffnet werden.

Schleicher ASW 27
FILIGRAN BIS INS DETAIL

FILIGRAN BIS INS DETAIL

Schleichers zierlicher Renner ist kompromißlos für die FAI-15 Meter-Wettberwerbsklasse ausgelegt. Trotzdem fliegt er sich ausgesprochen zahm und ist zudem auch optisch sehr ansprechend.

Die ASW 27 trat 1996 das zugegebenermaßen schwere Erbe als Nachfolger der erfolgreichen ASW 20 an.
Hierbei arbeiteten die Konstrukteure von Anfang an kompromißlos auf Einsätze in der Rennklasse hin. Die Flügelgeometrie und der strukturelle Aufbau lassen keine Erweiterungsmöglichkeit auf größere Spannweiten zu. Der entstandene Flügel besitzt eine relativ kleine Fläche und eine starke Zuspitzung im Außenbereich. Dadurch wirken die Flächenenden und vor allem die Winglets, als seien sie aus dem Modellbaubereich übernommen. Auch sonst ist das Flugzeug sehr filigran gebaut, wie zum Beispiel die winzigen NACA-Einläufe an den Wölbklappen/Querrudern für die Ausblasung hinter dem Klappenspalt zeigen. Besonderes Augenmerk wurde auf den Rumpf-Flügel-Übergang gelegt. Dieser entstand mittels aufwendiger Rechenmethoden im Computer und reicht sehr weit in Spannweitenrichtung in den Tragflügel hinein.

Der Rumpf wurde mit kleinen Änderungen von der ASW 24 übernommen und besitzt ein Cockpit, das den modernsten Anforderungen im Hinblick auf Crashsicherheit genügt. Es bietet durch die diversen Einstellmöglichkeiten kleinen wie großen Piloten ausreichend Platz und Komfort.

Die Flügelsteuerung ähnelt derjenigen der ASW 20 mit zwei getrennten Klappen und einem Flügelmischer in jeder Flächenwurzel. Die Ruderabstimmung ist perfekt und die typische Landestellung mit der starken Schränkung in Verbindung mit den dreistöckigen Schempp-Hirth-Bremsklappen ermöglichen langsame und steile Landeanflüge.

Die ASW 27 gehört zur neuen Generation von

Komfortabler Arbeitsplatz: Auch das Cockpit der ASW 27 gefällt mit leichtem Ein- und Ausstieg sowie guter ergonomischer Gestaltung.

Rennklasse-Segelflugzeugen, die ihr volles Leistungspotential erst bei hohen Flächenbelastungen offenbaren. Hier haben sich die Hersteller an die Taktik der Wettbewerbspiloten angepaßt.

Was die Flugeigenschaften und die Praxistauglichkeit angeht, so ist die ASW 27 bereits ein würdiger Nachfolger der berühmten ASW 20. UKP

SCHLEICHER ASW 27

ASW 27

Hersteller	Schleicher, Poppenhausen
Abmessungen	
Spannweite	15 m
Rumpflänge	6,55 m
Flügelfläche	9,0 m²
Streckung	25
Massen	
Leermasse	230 kg
max. Flugmasse	500 kg
Leistungsdaten	
min. Flächenbelastung	32,8 kg/m²
max. Flächenbelastung	50,0 kg/m²
geringstes Sinken	0,54 m/s
max. Gleitzahl (bei 110 km/h)	45
Flügelprofil	DU 89-134/14
Erstflug	1996

Ready to go: »Tintin« kurz vor dem Start zum Fotoflug für Aufnahmen in diesem Buch. An der ASW 27 schätzt er die spielerische Wendigkeit und die gutmütigen Flugeigenschaften.

Beliebter Renner: Mit der ASW 27 schuf Schleicher 1996 einen gleichermaßen beliebten wie leistungsfähigen Nachfolger der ASW 20.

Rolladen-Schneider LS 1

WELTMEISTER AUS EGELSBACH

WELTMEISTER AUS EGELSBACH

Mit zahlreichen Wettbewerbserfolgen machte die LS 1-Baureihe auf sich und ihren Hersteller Rolladen-Schneider aufmerksam.

Walter Schneiders Wunsch nach einem selbst gebauten Kunststoff-Flugzeug führte ihn zur Darmstädter Akaflieg, wo er sich an den Bau einer zweiten D36 machte. Diese absolvierte bereits 1964, wie die Darmstädter Maschine, ihren Erstflug. Nur drei Jahre später stand der Erstflug der, in der eigenen Firma zusammen mit Dipl.-Ing. Wolf Lemke von den Darmstädter Akafliegern entwickelten, LS 1 an. Dies war der Beginn einer überaus erfolgreichen Partnerschaft und einer Baureihe, die noch einige Nachfolgemodelle hervorbringen sollte.

Als erstes Flugzeug der neu gegründeten Firma erzielte die LS 1 gleich beachtliche Wettbewerbserfolge. Schon im ersten Wettbewerbsjahr 1968 wurde Helmut Reichmann Deutscher Meister, was Ernst Gernot Peter 1970 wiederholte und Helmut Reichmann auf diesem Typ mit dem Weltmeister-Titel im selben Jahr komplettierte. Nach erfolgreichen Jahren, in denen über 200 Flugzeuge der LS 1 in den verschiedenen Versionen von LS 1-o bis LS 1-d hergestellt wurden brachte Rolladen Schneider im Jahr 1974 die LS 1-f heraus. Diese zeichnete sich als erstes LS-Flugzeug durch die typische nach vorne aufklappbare Haube und die bis heute erhaltene Rumpfform aus. Ebenfalls charakteristisch für die erfolgsverwöhnte Maschine aus dem Hause LS war der Doppeltrapez-Flügel und die, für viele Piloten, etwas ungewöhnliche Hackenbremse, bei der mit

F-Schlepp auf der Hahnweide: Mit der Vereins-Husky der Fliegergruppe Wolf Hirth e.V. schleppten wir für's Aufmacher-Foto auf 5000 Fuß Höhe. Es hat sich gelohnt.

ROLLADEN-SCHNEIDER LS 1

der Ferse die Bremse am Seitenruder-Pedal gedrückt wird. Während der relativ kurzen Bauzeit von 1974 bis 1977 wurden über 220 Stück dieses eleganten Standardklasse-Segelflugzeugs hergestellt. Die LS 1-f zeichnet sich durch ein ausgesprochen angenehmes, harmonisches Flugverhalten aus und läßt sich diesbezüglich mit der später gebauten LS 4 vergleichen. Bis zum Ende der LS 1-Baureihe wurden, nachdem die anfangs sehr kleine Firma Lieferschwierigkeiten zu bewältigen hatte, mehr als 460 Stück gebaut. Über lange Zeit war die LS 1 ein auf Wettbewerben weit verbreitetes und sehr erfolgreiches Flugzeug. SB

Vorbild für eine ganze Generation: Auf der Basis der LS 1-f entwickelte Rolladen-Schneider verschiedene andere Flugzeuge des LS-Modellprogramms.

LS 1

Hersteller	Rolladen-Schneider, Egelsbach
Abmessungen	
Spannweite	15 m
Rumpflänge	6,93 m
Flügelfläche	9,74 m²
Streckung	23,1
Massen	
Leermasse	210 kg
max. Flugmasse	341 kg
Leistungsdaten	
min. Flächenbelastung	30,8 kg/m²
max. Flächenbelastung	35,0 kg/m²
gerinstes Sinken (bei 78 km/h)	0,63 m/s
max. Gleitzahl (bei 90 km/h)	36
Flügelprofil	FX 66-S-196
Erstflug	1967

Damaliger Standard: Im Gegensatz zu späteren Modellen aus der LS-Baureihe war der Instrumentenpilz der LS 1-f noch fest montiert.

Rolladen-Schneider LS 4

KLASSE UND MASSE

KLASSE UND MASSE

Nicht nur im Hinblick auf stolze Verkaufszahlen, sondern auch im Wettberwerbsbereich avancierte die LS 4 zu einem wahren Renner.

Nach der sehr erfolgreichen LS 1 und der nachfolgenden LS 3 für die Rennklasse entwickelte Wolf Lemke aus der LS 3 durch Fixierung der Wölklappen in der Null Grad-Stellung zusammen mit Hans-Jörg Streifeneder zunächst die LS 3 Standard. Mit Profilmodifikationen und einer anderen Querruderposition ging dieses, komplett aus Glasfaserverstärtem Kunststoff (GFK) gebaute Flugzeug als LS 4 im Jahre 1980 in Serie. Mit gutmütigeren und harmonischeren Flugeigenschaften als die LS 3 war eine solide Grundlage für den Erfolg geschaffen. Die LS 4 gilt als eines der erfolgreichsten bisher gebauten Segelflugzeuge, was zum einen die zahlreichen Wettbewerbserfolge sowie die über 900 hergestellten Modelle belegen. Mit der LS 4a wurde zur Weltmeisterschaft in Uvalde/Texas der maximale Wasserballast und damit das zulässige Höchstgewicht auf 525 Kilogramm erhöht und die LS 4 später zur LS 4-b mit automatischen Ruderanschlüssen, einem verbesserten Haubenmechanismus sowie einem Hecktank weiterentwickelt. Die charakteristische Doppeltrapezform des Tragflügels mit dem Knick der Hinterkante fand ebenfalls bei der LS 4 Einzug. Bereits im Jahr des Erstflugs, 1980, gewann dieses Flugzeug die Deutsche Meisterschaft in der Standard-Klasse. Marc Schroeder, einer der erfolgreichen französischen Segelflieger, holte sich 1981 bei den Weltmeisterschaften in Paderborn den Titel ebenfalls auf der LS 4. Dies war der Anfang einer langen und erfolgreichen Serie von Sporterfolgen. Erst drei Jahre später folgte mit dem Discus ein konkurrenzfähiges Flugzeug, hergestellt von der Firma Schempp-Hirth. SB

> Gute Kombination: Steffen Baitinger in seiner LS 4 vor dem Breitenstein nahe der Teck. An der LS 4 schätzt er vor allem die ausgewogenen Flugeigenschaften sowie das komfortable Cockpit.

ROLLADEN-SCHNEIDER LS 4

LS 4

Hersteller	Rolladen-Schneider, Egelsbach
Abmessungen	
Spannweite	15 m
Rumpflänge	6,83 m
Flügelfläche	10,5 m²
Streckung	21,4
Massen	
Leermasse	238 kg
max. Flugmasse	525 kg
Leistungsdaten	
min. Flächenbelastung	29 kg/m²
max. Flächenbelastung	50 kg/m²
gerinstes Sinken (bei 80 km/h)	0,60 m/s
max. Gleitzahl (bei 105 km/h)	40,5
Flügelprofil	Wortmann
Erstflug	1980

Stand der Technik: Bei der LS 4b wurde der Instrumententräger bereits am Haubenrahmen montiert, was den Ein- und Ausstieg auch hier bequem gestaltet.

Schön und erfolgreich: Noch heute, 18 Jahre nach ihrer Markteinführung, besticht die LS 4 mit gelungenen Proportionen. Sowohl auf Wettbewerbs- als auch im Vereinsbetrieb wurde sie zu einem der beliebtesten Segelflugzeuge überhaupt.

Rolladen-Schneider LS 6
TRENDSETTER

TRENDSETTER

Mit der LS 6 gelang Rolladen-Schneider ein großer Wurf, der lange Jahre die Rennklasse dominierte und Maßstäbe setzte.

Die LS 6 war und ist für viele Piloten das FAI 15 Meter-Flugzeug schlechthin. Sie vereint unproblematische Flugeigenschaften mit herausragenden Flugleistungen in allen Geschwindigkeitsbereichen.

Als Nachfolger der LS 3, in Fliegerkreisen unschmeichelhaft auch »LS-Blei« genannt, wurde die LS 6 mit einem neuen, schmaleren Rumpf ausgestattet (der später auch bei LS 7 und LS 8 verwendet wurde) und erhielt einen komplett neuen Doppeltrapez-Flügel, bei dem in großem Umfang hochfeste Kohlefaser verwendet wurde. Der neue Flügel wurde dadurch äußerst steif, vor allem im Vergleich zur bis zu diesem Zeitpunkt weit verbreiteten ASW 20 mit ihrem weichen GFK-Flügel. Das verwendete Wölbklappenprofil zeichnete sich durch eine verhältnismäßig breite Laminardelle aus. Dadurch war es relativ unempfindlich gegenüber Wölbklappenfehlern, was die Arbeitsbelastung des Piloten senkte. Diesem Umstand ist auch der große Erfolg der LS 8 zu verdanken, die ja bekanntlich einen LS 6-Flügel mit festgelegten Wölbklappen besitzt. Bei der Flügelsteuerung wurde wieder auf eine Flaperonsteuerung, wie bei der LS 3, zurückgegriffen, wobei diesmal die Hinterkantenklappen teilbar waren und eine jeweils separate Anlenkung besaßen. Der rumpfseitige Torsionsantrieb der LS 3 hatte sich nicht bewährt.

Das Cockpit setzte Maßstäbe hinsichtlich Ergonomie und Bedienkomfort. Auch der Haubennotabwurf wurde ausgezeichnet gelöst. Die eigentlich sehr leichtgängige Flügelsteuerung wurde leider bei den frühen Baumustern durch einen aus Flattergründen notwendigen Reibungsdämpfer etwas schwergängiger. Als auch bei der Flügelschale CFK Verwendung fand, verschwanden die Flatterprobleme und mit ihnen die Dämpfer.

Ab 1989 wurde die Version mit Ansteckflächen auf 17,5 Meter angeboten, um dem Trend in Richtung 18 Meter gerecht zu werden.

Mit über 350 gebauten Exemplaren kann die LS 6 zwar nicht ganz mit der LS 4 mithalten, die über 900 mal gebaut wurde. Sie gehört aber trotzdem zu Rolladen-Schneiders erfolgreichsten Modellen und bestimmte bis in die 90er Jahre die Sieger bei Wettbewerben. UKP

Abgewandelt: Wo etwa bei den frühen LS-Typen noch ein Pendelhöhenleitwerk seinen Dienst verrichtete, trägt die LS 6 ein gedämpftes Höhenleitwerk. Im Fluge zeichnet sich dies durch ruhigeres Flugverhalten aus.

ROLLADEN-SCHNEIDER LS 6

Leicht modifiziert: Freilich gab es die LS 6 auch ohne Winglets, aber der Trend der Zeit und entsprechende Nachfrage sorgten auch hier für aufgebogene »Ohren«.

LS 6

Hersteller	Rolladen-Schneider, Egelsbach
Abmessungen	
Spannweite	15 m
Rumpflänge	6,78 m
Flügelfläche	10,53 m²
Streckung	21,4
Massen	
Leermasse	250 kg
max. Flugmasse	525 kg
Leistungsdaten	
min. Flächenbelastung	32,9 kg/m²
max. Flächenbelastung	50,0 kg/m²
geringstes Sinken	0,58 m/s
max. Gleitzahl (bei 105 km/h)	44
Flügelprofil	FX 81-K-148/17
Erstflug	1983

Aus erster Hand: Wie das Wettbewerbskennzeichen »LS« bereits vermuten läßt, gehört diese LS 6 der Herstellerfirma Rolladen-Schneider. Das Rennklasse-Flugzeug ist heute, mehr als 15 Jahre nach seinem Erstflug, bei den Piloten immer noch gefragt und wird auch noch gebaut.

Rolladen-Schneider LS 8

EINFACH, ABER GENIAL

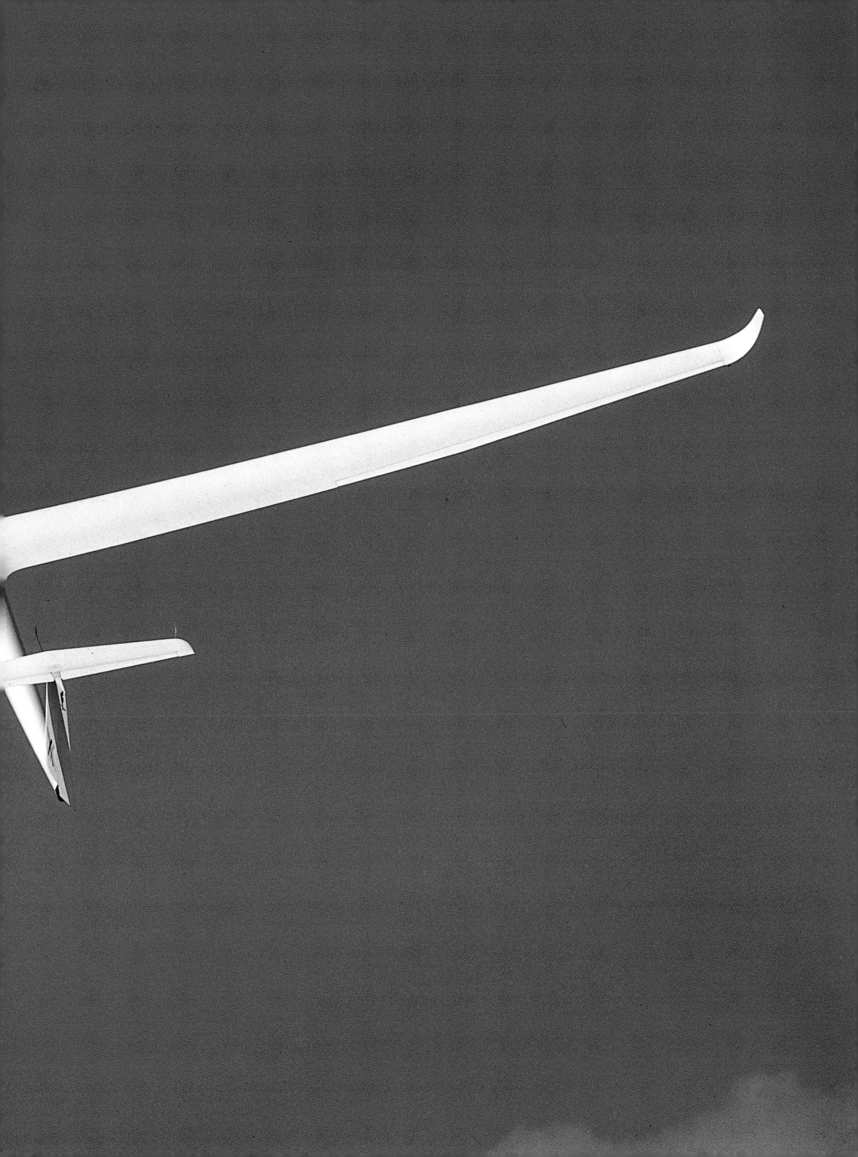

EINFACH, ABER GENIAL

Mit der LS 8 ist Rolladen-Schneider auf dem besten Wege, an die Erfolge der legendären LS 4 anzuknüpfen und das mit einem erstaunlichen Konzept.

Die ursprüngliche Idee, ein Standardklasseflugzeug auf der Basis eines Rennklasseflugzeuges zu bauen und einfach die Wölbklappe festzulegen, leuchtete zu Anfang den wenigsten Fachleuten ein. Da das bei der LS 8 verwendete LS 6-Profil jedoch keine besonders schmale Laminardelle wie die meisten anderen Wölbklappenprofile aufweist, erhielt man trotzdem gute Flugleistungen in einem großen Geschwindigkeitsbereich. Der Rumpf wurde ebenfalls direkt als bewährte Komponente von der LS 6/LS 7 übernommen. Rolladen-Schneider minimierte somit den Aufwand für Auslegung und Formenbau, und der große Erfolg der LS 8 gibt letztendlich den Konstrukteuren Recht.
Daß die LS 8 trotzdem ein charakteristisches Erscheinungsbild besitzt, liegt nicht zuletzt an den sanft nach oben gebogenen Winglets, die einen fließenden Übergang zum Flügel aufweisen. Vor allem aber durch ihre ausgezeichneten Flugleistungen und ihre gutmütigen Flugeigenschaften hat sich die LS 8 seit ihrem Erstflug 1996 schnell einen Namen gemacht. Im Gegensatz zur LS 7, die, bedingt durch das zu extrem in Richtung Schnellflug ausgelegte Profil Abstriche in den Langsamflugleistungen hinnehmen mußte, überzeugt die LS 8 durch ihre Leistungen in allen Geschwindigkeitsbereichen. Die großen, vierteiligen

Ganz vorn dabei: In zahlreichen Wettbewerben stellte die aus der LS 6 entwickelte LS 8 ihre hohe Leistungsfähigkeit unter Beweis. Formal fügt sie sich harmonisch in die Reihe der LS-Flugzeuge ein.

ROLLADEN-SCHNEIDER LS 8

LS 8

Hersteller	Rolladen-Schneider, Egelsbach
Abmessungen	
Spannweite	15/18 m
Rumpflänge	6,72 m
Flügelfläche	10,5/11,4 m²
Streckung	21,4/28,4
Massen	
Leermasse	255 kg
max. Flugmasse	525 kg
Leistungsdaten	
min. Flächenbelastung	32 kg/m²
max. Flächenbelastung	50 kg/m²
geringstes Sinken (bei 85 km/h)	0,57 m/s
max. Gleitzahl (bei 105 km/h)	43/47
Flügelprofil	FX 81-K-148/17
Erstflug	1996

Gewöhnungsbedürftig: Die Fersenbremse der LS-Flugzeuge ist für viele Piloten etwas ungewohnt – das Cockpit hingegen nicht.

Landung frei: Wirksame Bremsklappen erleichtern den Landeanflug, und das hohe Hauptfahrwerk verhindert Probleme oder gar Beschädigungen selbst auf weniger wegsamen Plätzen.

Flügeltanks ermöglichen außerdem eine gute Anpassung an unterschiedliche Wetterbedingungen. Das Cockpit ist in gewohnt guter LS-Qualität ausgelegt, der Haubennotabwurf mit Röger-Haken entspricht den neuesten Erkenntnissen. Ein Flugzeug also sowohl für den Wettbewerbspiloten als auch für den Vereinsbetrieb. Bleibt zu erwarten, wie sich die Version mit Ansteckflächen auf 18 Meter Spannweite durchsetzt.

Das abgebildete Flugzeug, die D-9888, befindet sich seit dem Frühjahr 1997 im Flugbetrieb bei der Akaflieg Stuttgart und wird mit großem Erfolg sowohl als Schulungseinsitzer, als auch für DMST- und Wettbewerbsflüge eingesetzt. UKP

Start & Flug H 101 Salto

EIN GUTER KOMPROMIß

EIN GUTER KOMPROMIß

Segelflug oder Kunstflug – der Pilot hat die Wahl. Zumindest im H 101 Salto von Start und Flug, der beide Talente in sich vereint.

Die Verwandschaft des Salto mit der Libelle ist unverkennbar. Kein Wunder, denn sie entstammen beide dem Genie Eugen Hänles. Hänle baute den Salto im Betrieb seiner Frau Ursula, der Firma Start & Flug. Der Salto wurde als Kompromiß zwischen einem Leistungssegelflugzeug und einem Kunstflugsegler entworfen, und erhielt daher, zugunsten der Rollzeiten, eine Spannweite von nur knapp 14 Metern. Charakteristisch sind außerdem die Libelle-ähnliche Haube und das zierliche V-Leitwerk. Dieses macht, wenn es abmontiert ist, den Rumpf äußerst handlich und die meisten Salto-Transportanhänger erkennt man an der fehlenden Seitenleitwerks-Verkleidung. Als weitere Besonderheit besitzt der Salto keine überlappenden Holmstummel, sondern einen mittragenden Holmkasten im Rumpf. Dies macht beide Flügel vollkommen spiegelsymmetrisch, ist jedoch nicht gerade die gewichtssparendste Lösung für einen Flügelanschluß. Für die meisten Salto-Besitzer etwas bedenklich ist die Tatsache, daß in der Flügelschale noch Balsaholz als Sandwich-Stützstoff verwendet wurde, der die Struktur etwas empfindlich gegenüber Feuchtigkeit macht. Automatische Ruderanschlüsse waren damals bei Hänle bereits Standard. Die Drehbremsklappen im Innenbereich der Flügelhinterkante sind wenig wirksam. Daher erhielten spätere Versionen einen Bremsschirm im Leitwerk. Außerdem wurden einige Muster mit Ansteckflächen auf 15,5 Meter ausgestattet, welche die eher spärlichen Leistungen im Streckensegelflug etwas verbesserten. In dieser Version darf der Salto auch heute noch in der Clubklasse geflogen werden.

Interessant macht den Salto natürlich die Option, damit »Turnen« zu können, das heißt, er ist kunstflugtauglich. Bedingt durch seine Auslegung ist er heutzutage jedoch nicht mehr für den harten Wettbewerbs-Segelkunstflug geeignet. Der Stil sollte eher etwas weicher, segelflugtypischer ausfallen. Als Kompromiß zwischen den beiden Facetten des Segelflugs ist der Salto aber ein sehr gelungenes Flugzeug mit angenehmen Flugeigenschaften und erzielt auf dem Gebrauchtflugzeugmarkt mittlerweile stolze Liebhaberpreise. UKP

Charakteristisch: Das V-Leitwerk verleiht dem Salto ein ganz eigenständiges Erscheinungsbild. Seiten- und Höhenruder-Funktionen werden über einen mechanischen Mixer hergestellt.

H 101 Salto

Hersteller	Start & Flug
Abmessungen	
Spannweite	13.6 m
Rumpflänge	5,90 m
Flügelfläche	8,6 m²
Streckung	21,5
Massen	
Leermasse	170 kg
max. Flugmasse	270 kg
Leistungsdaten	
min. Flächenbelastung	30,1 kg/m²
max. Flächenbelastung	31,4 kg/m²
geringstes Sinken (bei 81 km/h)	0,72 m/s
max. Gleitzahl (bei 93 km/h)	33,5
Flügelprofil	FX 66-17 A 182
Erstflug	1970

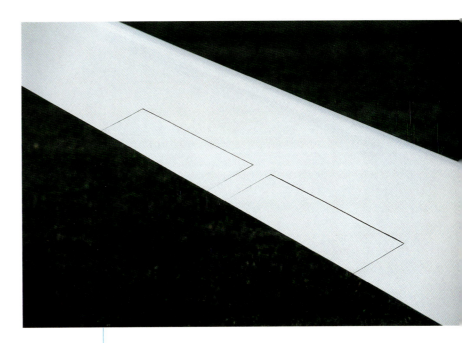

Verbesserungsfähig: Die als Hinterkanten-Drehbremsklappen ausgeführten Luftbremsen dürften etwas wirksamer sein.

Ein Klassiker: Eine der bekanntesten Kunstflugmaschinen ist der schnelle H 101 Salto mit 13,6 Metern Spannweite.

Vogt/Hirth Lo 100 »Zwergreiher«
DER TURNMEISTER

DER TURNMEISTER

Wer sich mit Segelkunstflug befaßt, wird recht schnell auf die Lo 100 stoßen. Sie etablierte sich als das Flugzeug zum Turnen – für Einsteiger wie auch Experten.

Die Lo 100 wurde 1952 von Hermann Vogt speziell für den Kunstflug entworfen und war bis zur Einführung von modernen Kunstflugseglern in Kunststoffbauweise, wie z.B. der Mü 28, dem Swift und schließlich dem doppelsitzigen Fox *das* Flugzeug für den Wettbewerbssegelkunstflug. Bereits in den 50er und 60er Jahren machten damit Meister wie Albert Falderbaum mit waghalsigen Stunts auf Flugtagen Furore. Charakteristisch an der Lo 100 sind ihre äußerst kleinen Abmessungen. Der Flügel hat eine Spannweite von nur zehn Metern und ist in einem Stück auf den kurzen Rumpf aufgesetzt. Auch das Leitwerk ist eher klein, flugmechanisch jedoch absolut ausreichend dimensioniert. Der Flügelgrundriß sieht auf den ersten Blick fast elliptisch aus, ist aber ein Rechtecktrapez mit einem abgerundeten Querruder. Der Flügel besitzt im Innenbereich Wölbklappen, jedoch keine Bremsklappen. Daher wird sauberes Slippen im Landeanflug bei angehenden Lo-Piloten vorausgesetzt. Wenn dieses Manöver beherrscht wird, kann die Lo 100 genauso präzise wie andere Flugzeuge gelandet werden. Wenn nicht, führt dies mitunter zu längeren Spaziergängen der Rückholmannschaft. Auch beim Start ist schon so mancher Neuling ins Schwingen gekommen, da die kurze Spannweite in Verbindung mit der guten Querruderwirksamkeit oft zu heftigem Übersteuern im Flugzeugschlepp führt. Wenngleich die hohe Wendigkeit auch bei Start und Landung etwas höhere Aufmerksamkeit erfordert – im Kunstflug ist die Lo 100 in ihrem Element. Rollen lassen sich »wie am Schnürchen« fliegen, Loopings und Turns benötigen geringere Eintrittsgeschwindigkeiten und Lastvielfache als bei den modernen Kunststoffsegler. Durch ihre kompakte Form »zeichnet« sie in den Figuren sehr gut, was der Bewertung durch die Punktrichter zugute kommt. Lediglich in den senkrechten Figuren fehlt der Lo 100, bedingt durch ihre geringe Masse, zum Teil etwas »der Durchzug«, das heißt, sie verliert schnell an Fahrt. Die Segelflugleistungen sind verständlicherweise eher bescheiden, und nicht zu vergleichen mit jenen des Salto oder der Pilatus B 4. Die Lo 100 stellt aber auch keinen Kompromiß dar, sondern ist ein Flugzeug für die Vollacro, unterliegt also keinerlei Beschränkungen, was die Auswahl von Figuren angeht. Wenn die Lo 100 auch nicht unbedingt durch ihre Ästhetik glänzt, so ist sie doch ein Flugzeug, das vielen Piloten den Einstieg in den ernsthaften Wettbewerbssegelkunstflug ermöglichte. UKP

Ein Augenschmaus: Die bekannten »Synchron-Flyers« mit ihren beiden Lo 100 bei einer gekonnten Demonstration des Spiegelfluges.

Lo 100

Hersteller Alfred Vogt/Wolf Hirth

Abmessungen
Spannweite	10,0 m
Rumpflänge	6,15 m
Flügelfläche	10,9 m²
Streckung	9,2

Massen
Leermasse	170 kg
max. Flugmasse	265 kg

Leistungsdaten
min. Flächenbelastung	23,7 kg/m²
max. Flächenbelastung	24,3 kg/m²
geringstes Sinken (bei 72 km/h)	0,80 m/s
max. Gleitzahl (bei 85 km/h)	25
Flügelprofil	Clark Y

Erstflug 1952

Beliebte Gäste: Auf zahlreichen Flugtagen fliegen die »Synchron-Flyers« ihr Programm. Stilgerecht werden sie hier von einer Pitts S-1 auf ihre Ausgangshöhe geschleppt.

Dauerbrenner: Knapp 50 Jahre nach ihrem Erscheinen hat die Lo 100 nichts von ihrer Faszination eingebüßt. Das aus Holz gebaute Kunstflugzeug erlaubt positive wie negative Figuren und wird im Gegensatz zu Pilatus B 4 und H 101 Salto in der Vollacro eingesetzt.

Sachwortregister

Begriffe aus der Welt des Segelfliegens

Akaflieg Akademische Fliegergruppen an den Universitäten, die sich luftfahrtwissenschaftlich mit der Konstruktion, dem Bau und dem Betrieb von Luftfahrzeugen, vor allem Segelflugzeugen, beschäftigen.

Aramidfaser Synthetische Faser mit hoher Reißfestigkeit und Energieaufnahmefähigkeit. Aramidfasergewebe dient unter Tränkung mit Epoxydharz zur Herstellung von Kunststoff-Bauteilen mit gutem Crash-Verhalten.

Aufwind Nach oben gerichteter Wind, etwa durch Umlenkung an einer Hangkante oder durch Thermik bedingt.

Automatische Ruderanschlüsse Verbindung der Steuerungsmechanismen werden beim Zusammenbau des Segelflugzeuges zwangsläufig hergestellt.

Bremsfallschirm Fallschirm im Heck des Segelflugzeuges, der der Gleitwinkelvergrößerung im Landeanflug dient. Bsp.: Glasflügel Kestrel.

Bremsklappen Entweder nach oben ausfahrende Klappen (Schempp-Hirth) oder Hinterkanten-Drehklappen, die zum raschen Abbau von Höhe eingesetzt werden. Bsp.: Glasflügel 304.

Carbonfaser Synthetische Faser aus Kohlenstoff mit hoher Zugfestigkeit. Dient unter Tränkung mit Epoxydharz zur Herstellung besonders leichter und dabei stabiler Bauteile.

Clubklasse Segelflugzeuge mit 15 Metern Spannweite, starrem Profil und meist festem Fahrwerk. In der Regel Flugzeuge der alten Standardklasse. Preiswerte Einsteigerklasse gerade für junge Piloten.

Doppelsitzerklasse Segelflugzeuge mit 20 Metern Spannweite und zwei Sitzplätzen.

Fahrtmesser Geschwindigkeitsanzeiger im Cockpit.

Glasfaser Synthetische Faser, die unter Tränkung mit Epoxydharz zur Herstellung von Kunststoff-Formteilen dient.

Gleitflug Flug mit Höhenverlust zum Zurücklegen einer Strecke zwischen Aufwinden.

Gleitzahl Kennzahl, die das Verhältnis von Ausgangshöhe und der aus dieser Höhe im Gleitflug maximal zurückzulegenden Strecke angibt. Die besten Segelflugzeuge erreichen derzeit eine Gleitzahl von 60, d.h., daß sie aus einem Kilometer Höhe 60 Kilometer weit gleiten können.

Halbacro Kunstflugklasse für Einsteiger mit Flugfiguren positiver Lastvielfache. Bsp.: Pilatus B 4 oder H-101 Salto.

Höhenruder Ruderflächen am Rumpfende, die zur Steuerung des Flugzeuges um die Querachse dienen.

Idaflieg Dachverband der Akaflieg-Gruppen.

Indexwertung Bei Segelflugwettbewerben angewandtes Wertungsverfahren. Dabei ermöglichen Kennzahlen für die jeweils unterschiedliche Leistungsfähigkeit der Flugzeuge eine bessere Beurteilung der Leistungen der Piloten.

Kurbeln Kreisen in der Thermik, um Höhe zu gewinnen.

Lastvielfache Durch Abfangen, Ziehen, Drücken oder Kurvenflug des Segelflugzeuges bedingte Vergrößerung der Gewichtskraft. Die Angabe erfolgt in Vielfachen der Erdbeschleunigung g ($9{,}81$ m/s^2).

Offene Klasse Segelflugzeuge mit einem maximalen Abfluggewicht von 750 Kilogramm und keinen weiteren Beschränkungen. Sogenannte »Superorchideen«, die das Optimum des technisch Machbaren darstellen.

Profil Querschnittsform des Tragflügels, ausgerichtet nach aerodynamischen Gesichtspunkten, um optimalen Auftrieb bei möglichst geringem Widerstand zu erzeugen.

Querruder Steuerflächen am Tragflügel, die zur Steuerung des Flugzeuges um die Längsachse dienen.

Rennklasse Segelflugzeuge mit 15 Metern Spannweite. Auftriebshilfen wie etwa Wölbklappen sowie Wasserballast sind hier erlaubt und üblich.

Ringelpietz Mögliche Drehung des Flugzeuges um die Hochachse, wenn beim Start oder bei der Landung eine Flächenspitze den Boden berührt. Kann zu Beschädigungen führen.

Seitenruder Ruderfläche am Rumpfende, die zur Steuerung des Flugzeuges um die Hochachse dient.

Slip Seitengleitflug zum Abbau von Höhe.

Standardklasse Segelflugzeuge mit 15 Metern Spannweite, starrem Profil und keinen Auftriebshilfen wie etwa Wölbklappen. Wasserballast ist zulässig.

Streckung Maß für die »Schlankheit« eines Flügels von der Flügelwurzel zum Flügelende hin.

Thermik Aufwind, hervorgerufen durch warme Luft, die nach oben steigt.

Überziehen Extremer Langsamflug bis zum Strömungsabriß (»Stall«) und eventuellem »Abkippen« über den Flügel.

Variometer Instrument im Flugzeug-Cockpit, das dem Piloten Steigen oder Sinken des Flugzeuges anzeigt.

Vollacro Kunstflugklasse für Fortgeschrittene in der Flugfiguren mit positiven und negativen Lastvielfachen geflogen werden dürfen.
Bsp.: Lo-100, Swift, Fox, Mü 28

Wasserballast Wasser, das Segelflugzeuge in speziellen Flügeltanks mitführen können, um höhere Gleitgeschwindigkeiten zu erreichen.

Weltklasse Klasse in der mit nur einem Flugzeugtyp, nämlich der PW 5, geflogen wird.

Wölbklappen Auftriebshilfen, meist Klappen an der Flügelhinterkante, mit denen sich das Profil verändern und für Langsam- bzw. Schnellflug anpassen läßt.

Zachern Verfahren zur Beurteilung der Flugeigenschaften eines Flugzeuges anhand eines festgelegten Meßprotokolls. Entwickelt von Hans Zacher.

18 Meter-Klasse Segelflugzeuge mit 18 Metern Spannweite und den sonstigen Merkmalen der Rennklasse.

ADRESSEN/BIBLIOGRAPHIE

Gesucht und Gefunden

Segelflugschulen und Segelflugzeughersteller in Deutschland

Bildungs- und Luftsportzentrum Laucha
Flugplatz
06636 Laucha

BWLV Segelflugschule Hornberg
73529 Schwäbisch Gmünd

Deutsche Alpensegelflugschule e.V.
Landes-Ausbildungs- und Leistungszentrum
Windseestr. 45
83246 Unterwössen

Fläming Air
Flugplatz Oehna-Zellendorf
14913 Zellendorf

Flugsport Zentrum GmbH
Flugplatz
34497 Korbach

Fränkische Fliegerschule Feuerstein e.V.
91320 Ebermannstadt

Jugendbildungsstätte Theodor Wuppmann e.V., Juist
Flugplatz
26571 Juist

Segelflugschule Lübeck
Flughafen Blankensee
23560 Lübeck

Segelflugschule Oerlinghausen e.V.
Am Flugplatz
33813 Oerlinghausen

Segelflugschule Wasserkuppe
36129 Gersfeld

Siggis Flugschule am Edersee GmbH
Dr. Mauser-Straße 2a
34519 Waldeck

GROB-Werke GmbH
Unternehmensbereich Luft- und Raumfahrt
Lettenbachstr. 9
86874 Tussenhausen

DG Flugzeugbau GmbH
Im Schollengarten 20
76646 Bruchsal-Untergrombach

Rolladen-Schneider
Mühlstraße 10
63323 Egelsbach

Schempp-Hirth Flugzeugbau GmbH
Krebenstraße 25
73230 Kirchheim/Teck

Alexander Schleicher GmbH & Co.
Huhnrain 1
36161 Poppenhausen

Bibliographie

Bei der Recherche zu diesem Buch waren neben zahlreichen Interviews mit den Haltern und Piloten sowie dem Studium verschiedener Flughandbücher und Prospekten der Hersteller folgende Buchtitel und Aufzeichnungen hilfreich:

Akademische Fliegergruppe Braunschweig e.V., 1972
Jahresschrift 1922-1972, Braunschweig 1972

Akademische Fliegergruppe Braunschweig e.V., 1978
Jahresschrift 1973-1978, Braunschweig 1978

Brinkmann, Günter/Zacher, Hans, 1992
Evolution der Segelflugzeuge, Bernard & Graefe-Verlag Bonn, 1992

Gassebner, Jürgen, 1994
Edelbikes selbstgebaut, Kapitel: Herstellung von Kunststoff-Formteilen, Motorbuch-Verlag Stuttgart, 1994

Geistmann, Dietmar, 1994
Segelflugzeuge in Deutschland, Motorbuch-Verlag Stuttgart, 2. Auflage 1994

Thomas, Fred, 1984
Grundlagen für den Entwurf von Segelflugzeugen, Motorbuch-Verlag Stuttgart, 2. Auflage 1984

Wissmann, Gerhard, 1988
Abenteuer in Wind und Wolken – Die Geschichte des Segelfluges, transpress VEB Verlag für Verkehrswesen Berlin 1988

Wittemann, Heinrich (Hrsg.),1998
Fliegertaschenkalender 1998, Luftfahrtverlag Friedrich Schiffmann GmbH & Co. KG, Bergisch-Gladbach 1998

Top-Informationen für aktive Piloten

Aktive Piloten lesen den aerokurier! Monatlich neu mit den unentbehrlichen Fachinformationen, aktuellen News und praktischen Tips aus der ganzen Welt der Allgemeinen Luftfahrt: Von Ultraleicht über Segel- und Motorflug bis zum Business Jet.

Mit umfangreichem Kleinanzeigenteil!

Dazu jetzt in jeder Ausgabe: Der große Praxisteil mit Tips rund ums Fliegen für Anfänger und Fortgeschrittene.

http://www.aerokurier.rotor.com

Monatlich aktuell am Kiosk!

Sparen Sie beim aerokurier-Abo – gleich bestellen beim aerokurier Leserservice, Postfach, 20080 Hamburg, Tel. 040/3703-4041, Fax 040/3703-5657, E-Mail mps-service@guj.de